Landesbauordnung Rheinland-Pfalz (LBauO)

Textausgabe für Studium und Beruf

Impressum

© MGJV-Verlag, Hans-Much-Weg 14, 20249 Hamburg, Telefon: 040/ 32030589; Bitte wenden Sie sich mit Ihren Anliegen auch auf elektronischem Wege an uns: MGJV.Verlag@gmail.com

Inhaltliche Verantwortung und Aktualität: Redaktion MGJV

Satz, Druck und Bindung: Externe Dienstleister; alle Rechte MGJV-Verlag

Umschlaggestaltung: Gustav Broedecker. Alle Rechte MGJV-Verlag

Wir sind bemüht, ein ansprechendes Produkt zu gestalten, dass angemessenen Ansprüchen an das Preis/Leistungsverhältnis und vernünftigen Qualitätserwartungen gerecht wird. Konstruktive Anregungen nutzen wir gerne, um künftige Auflagen zu ergänzen und anzupassen.

Die Rechte am Werk, insbesondere für die Zusammenstellung, die Cover- und weitere Gestaltung liegen beim Verlag. Trotz sorgfältigster Bearbeitung und Qualitätskontrolle können Übertragungsfehler und technische Fehler nicht letztgültig ausgeschlossen werden. Fachanwaltliche Beratung wird durch die Konsultation einer Rechtssammlung nicht ersetzt.

- - - - -

Über eine Bewertung bei Amazon oder anderen Distributoren freut sich die Redaktion.Mit Kritik und Verbesserungsvorschlägen für künftige Ausgaben wenden Sie sich auch gerne an MGJV.Verlag@gmail.com

Vielen Dank, Ihre Redaktion MGJV

Inhaltsverzeichnis

Erster Teil 7
  § 1 7
  Anwendungsbereich 7
  § 2 8
  Begriffe 8
  § 3 11
  Allgemeine Anforderungen 11
  § 4 11
  Soziale und ökologische Belange 11
  § 5 11
  Gestaltung 11
Zweiter Teil 12
  § 6 12
  Bebauung der Grundstücke 12
  § 7 12
  Zugänge und Zufahrten 12
  § 8 13
  Abstandsflächen 13
  § 9 18
  Übernahme von Abständen und Abstandsflächen auf Nachbargrundstücke,
  Grundstücksteilungen 18
  § 10 18
  Höhenlage, Abfall- und Wertstoffbehälter, nicht überbaute Flächen 18
  § 11 19
  Kinderspielplätze 19
  § 12 19
  Einfriedungen 19
Dritter Teil 20
  Erster Abschnitt 20
    § 13 20
    Standsicherheit 20
    § 14 20
    Schutz gegen schädliche Einwirkungen 20
    § 15 20
    Brandschutz 20
    § 16 21
    Wärme-, Schall- und Erschütterungsschutz 21
    § 17 21
    Verkehrssicherheit 21
  Zweiter Abschnitt 21
    § 18 22
    Bauprodukte 22
    § 19 24
    Allgemeine bauaufsichtliche Zulassung 24
    § 20 25

Allgemeines bauaufsichtliches Prüfzeugnis...25
§ 21..25
Zustimmung im Einzelfall...25
§ 22..26
Bauarten..26
§ 23..26
Übereinstimmungsnachweis..26
§ 24..27
Übereinstimmungserklärung des Herstellerunternehmens..27
§ 25..27
Übereinstimmungszertifikat..27
§ 26..28
Prüf-, Zertifizierungs- und Überwachungsstellen...28
Dritter Abschnitt..29
§ 27..29
Tragende Wände, Pfeiler und Stützen...29
§ 28..29
Außenwände..29
§ 29..30
Trennwände...30
§ 30..31
Brandwände...31
§ 31..34
Decken...34
§ 32..35
Dächer...35
Vierter Abschnitt...37
§ 33..37
Treppen..37
§ 34..38
Treppenräume und Ausgänge..38
§ 35..41
Notwendige Flure und Gänge..41
§ 36..42
Aufzüge...42
§ 37..43
Fenster, Türen, Kellerlichtschächte...43
§ 38..44
Umwehrungen...44
Fünfter Abschnitt...44
§ 39..44
Feuerungs-, Wärme- und Brennstoffversorgungsanlagen...44
§ 40..45
Lüftungsanlagen, Installationsschächte und
-kanäle, Leitungsdurchführungen...45
§ 41..46
Wasserversorgung und Abwasserbeseitigung...46
§ 42..46
Kleinkläranlagen und Gruben..46
Sechster Abschnitt...47

§ 43 47
  Aufenthaltsräume 47
  § 44 47
  Wohnungen 47
  § 45 48
  Aufenthaltsräume und Wohnungen in Kellergeschossen und Dachräumen 48
  § 46 49
  Bäder und Toilettenräume 49
Siebter Abschnitt..49
  § 47 49
  Stellplätze und Garagen 49
  § 48 51
  Ställe und Nebenanlagen 51
  § 49 51
  Behelfsbauten und untergeordnete Gebäude 51
  § 50 51
  Bauliche Anlagen und Räume besonderer Art oder Nutzung (Sonderbauten) 51
  § 51 54
  Barrierefreiheit 54
Fußnoten..57
  § 52 57
  Werbeanlagen und Warenautomaten 57
  § 53 59
  Baustellen 59
Vierter Teil 59
  § 54 59
  Grundsatz 59
  § 55 60
  Bauherrin, Bauherr 60
  § 56 60
  Entwurfsverfasserinnen, Entwurfsverfasser 60
  § 56a 61
  Bauleiterin, Bauleiter 61
  § 57 61
  Unternehmen 61
Fünfter Teil 62
  § 58 62
  Bauaufsichtsbehörden 62
  § 59 62
  Aufgaben und Befugnisse der Bauaufsichtsbehörden 62
  § 60 63
  Sachliche Zuständigkeit 63
Sechster Teil 63
  § 61 63
  Genehmigungsbedürftige Vorhaben 63
  § 62 63
  Genehmigungsfreie Vorhaben 63
  § 63 73
  Bauantrag 73
  § 64 74

Bauvorlageberechtigung..74
§ 65..76
Behandlung des Bauantrags..76
§ 66..77
Vereinfachtes Genehmigungsverfahren..77
§ 67..81
Freistellungsverfahren..81
§ 68..83
Beteiligung der Nachbarinnen und Nachbarn..83
§ 69..83
Abweichungen..83
§ 70..83
Baugenehmigung..83
§ 71..84
Ersetzung des gemeindlichen Einvernehmens...84
§ 72..85
Bauvorbescheid..85
§ 73..85
Teilbaugenehmigung...85
§ 74..86
Geltungsdauer der Baugenehmigung...86
§ 75..86
Typenprüfung...86
§ 76..87
Fliegende Bauten..87
§ 77..89
Baubeginn..89
§ 78..89
Bauüberwachung..89
§ 79..91
Benutzung der baulichen Anlagen...91
§ 80..91
Baueinstellung..91
§ 81..91
Beseitigungsanordnung und Benutzungsuntersagung..91
§ 82..92
Abbruch verfallender baulicher Anlagen...92
§ 83..92
Vorhaben des Bundes und der Länder...92
§ 84..92
Der Bauaufsicht nicht unterliegende Vorhaben..92
§ 85..93
Nachträgliche Anforderungen..93
§ 86..94
Baulasten...94
Siebter Teil..94
§ 87..94
Ermächtigung zum Erlass von Rechts- und Verwaltungsvorschriften....................94
§ 88..100
Örtliche Bauvorschriften...100

§ 89 102
Ordnungswidrigkeiten...102
§ 90 106
Eingeleitete Verfahren...106
§ 91 106
Übergangsbestimmungen..106
§ 92 106
Außer-Kraft-Treten bestehender Vorschriften....................................106
§ 93 107
In-Kraft-Treten..107

Landesbauordnung Rheinland-Pfalz
(LBauO)
Vom 24. November 1998

Zum 01.01.2016 aktuellste verfügbare Fassung der Gesamtausgabe

Letzte berücksichtigte Änderung: mehrfach geändert durch Artikel 1 des Gesetzes vom 15.06.2015 (GVBl. S. 77)

Fußnoten: Das Änderungsgesetz vom 27.10.2009 (GVBl. S. 358) dient der Umsetzung der Richtlinie 2006/123/EG des Europäischen Parlaments und des Rates vom 12. Dezember 2006 über Dienstleistungen im Binnenmarkt.

Erster Teil
Allgemeine Bestimmungen
§ 1
Anwendungsbereich

(1) Dieses Gesetz gilt für bauliche Anlagen und Bauprodukte. Es gilt auch für bebaute und bebaubare Grundstücke sowie für andere Anlagen und Einrichtungen, an die in diesem Gesetz oder in Vorschriften aufgrund dieses Gesetzes Anforderungen gestellt werden.

(2) Dieses Gesetz gilt nicht für

1. Anlagen des öffentlichen Verkehrs und ihre Nebenanlagen, mit Ausnahme von Gebäuden,

2. Anlagen, die der Bergaufsicht unterliegen, mit Ausnahme von oberirdischen Gebäuden,

3. Leitungen, die der öffentlichen Versorgung mit Wasser, Gas, Elektrizität, Wärme, der öffentlichen Abwasserbeseitigung oder dem Fernmeldewesen dienen,

4. Rohrleitungen, die dem Ferntransport von Stoffen dienen,

5.

Krane, mit Ausnahme von Kranbahnen und deren Unterstützungen.

§ 2
Begriffe

(1) Bauliche Anlagen sind mit dem Erdboden verbundene, aus Bauprodukten hergestellte Anlagen. Eine Verbindung mit dem Erdboden besteht auch dann, wenn die Anlage durch eigene Schwere auf dem Boden ruht oder wenn sie nach ihrem Verwendungszweck dazu bestimmt ist, überwiegend ortsfest benutzt zu werden. Als bauliche Anlagen gelten

1. Aufschüttungen und Abgrabungen,

2. Lager-, Abstell-, Aufstell- und Ausstellungsplätze,

3. Camping- und Wochenendplätze,

4. Stellplätze,

5. Sport- und Spielplätze,

6. Schiffe und sonstige schwimmfähige Anlagen, die ortsfest benutzt werden und dem Wohnen oder gewerblichen, sportlichen oder ähnlichen Zwecken dienen,

7. Gerüste,

8. Hilfseinrichtungen zur statischen Sicherung von Bauzuständen.

(2) Gebäude sind selbständig benutzbare, überdeckte bauliche Anlagen, die von Menschen betreten werden können und geeignet oder bestimmt sind, dem

Schutz von Menschen, Tieren oder Sachen zu dienen. Sie werden in folgende Gebäudeklassen eingeteilt:

1.

   Gebäudeklasse 1

   Freistehende Wohngebäude mit einer Wohnung in nicht mehr als zwei Geschossen, andere freistehende Gebäude ähnlicher Größe, freistehende landwirtschaftliche Betriebsgebäude.

2.

   Gebäudeklasse 2

   Gebäude, bei denen der Fußboden keines Geschosses, in dem Aufenthaltsräume möglich sind, im Mittel mehr als 7 m über der Geländeoberfläche liegt,

   a)

       mit nicht mehr als zwei Wohnungen,

   b)

       mit drei Wohnungen in freistehenden Gebäuden in Hanglage, wenn die dritte Wohnung im untersten Geschoss liegt und ihren Zugang unmittelbar vom Freien aus hat.

   An die Stelle der Wohnungen nach Satz 2 Nr. 2 können jeweils sonstige Nutzungseinheiten treten, wenn die Nutzfläche des Gebäudes insgesamt 400 m^2 nicht überschreitet.

3.

   Gebäudeklasse 3

   Gebäude, bei denen der Fußboden keines Geschosses, in dem Aufenthaltsräume möglich sind, im Mittel mehr als 7 m über der Geländeoberfläche liegt.

4.

   Gebäudeklasse 4

   Gebäude, bei denen der Fußboden keines Geschosses, in dem Aufenthaltsräume möglich sind, im Mittel mehr als 13 m über der Geländeoberfläche liegt.

5.

    Gebäudeklasse 5

    Sonstige Gebäude.

(3) Hochhäuser sind Gebäude, bei denen der Fußboden eines Aufenthaltsraums mehr als 22 m über der Geländeoberfläche liegt.

(4) Geschosse über der Geländeoberfläche sind Geschosse, die im Mittel mehr als 1,40 m über die Geländeoberfläche hinausragen; tiefer liegende Geschosse sind Kellergeschosse. Vollgeschosse sind Geschosse über der Geländeoberfläche, die über zwei Drittel, bei Geschossen im Dachraum über drei Viertel ihrer Grundfläche eine Höhe von 2,30 m haben. Gegenüber einer Außenwand zurückgesetzte oberste Geschosse sind nur Vollgeschosse, wenn sie diese Höhe über zwei Drittel der Grundfläche des darunter liegenden Geschosses haben. Die Höhe wird von Oberkante Fußboden bis Oberkante Fußboden oder Oberkante Dachhaut gemessen.

(5) Aufenthaltsräume sind Räume, die zum nicht nur vorübergehenden Aufenthalt von Menschen bestimmt oder geeignet sind.

(6) Geländeoberfläche ist die Fläche, die sich aus den Festsetzungen des Bebauungsplans ergibt oder die von der Bauaufsichtsbehörde festgelegt ist, im Übrigen die natürliche, an das Gebäude angrenzende Geländeoberfläche.

(7) Feuerstätten sind in oder an Gebäuden ortsfest benutzte Anlagen oder Einrichtungen, die dazu bestimmt sind, durch Verbrennung Wärme zu erzeugen.

(8) Stellplätze sind Flächen zum Abstellen von Kraftfahrzeugen außerhalb öffentlicher Verkehrsflächen. Garagen sind ganz oder teilweise umschlossene Räume zum Abstellen von Kraftfahrzeugen. Ausstellungs-, Verkaufs-, Werk- und Lagerräume gelten nicht als Garagen.

(9) Barrierefrei sind bauliche Anlagen, soweit sie ihrem Zweck entsprechend für Menschen mit Behinderungen, ältere Menschen und Personen mit Kleinkindern in der allgemein üblichen Weise, ohne besondere Erschwernis und grundsätzlich ohne fremde Hilfe auffindbar, zugänglich und nutzbar sind.

(10) Bauprodukte sind

1.

    Baustoffe, Bauteile und Anlagen, die hergestellt werden, um dauerhaft in bauliche Anlagen eingebaut zu werden,

2.

    aus Baustoffen und Bauteilen vorgefertigte Anlagen, die hergestellt werden, um mit dem Erdboden verbunden zu werden, wie Fertighäuser, Fertiggaragen und Silos.

(11) Bauart ist das Zusammenfügen von Bauprodukten zu baulichen Anlagen oder Teilen von baulichen Anlagen.

§ 3
Allgemeine Anforderungen

(1) Bauliche Anlagen sowie andere Anlagen und Einrichtungen im Sinne des § 1 Abs. 1 Satz 2 sind so anzuordnen, zu errichten, zu ändern und instand zu halten, dass sie die öffentliche Sicherheit oder Ordnung sowie die natürlichen Lebensgrundlagen nicht gefährden. Dies gilt entsprechend für die Änderung ihrer Benutzung und ihren Abbruch.

(2) Bauprodukte dürfen nur verwendet werden, wenn bei ihrer Verwendung die baulichen Anlagen bei ordnungsgemäßer Instandhaltung während einer dem Zweck entsprechenden angemessenen Zeitdauer die Anforderungen dieses Gesetzes oder der Vorschriften aufgrund dieses Gesetzes erfüllen und gebrauchstauglich sind.

(3) Die von der obersten Bauaufsichtsbehörde durch Verwaltungsvorschrift eingeführten technischen Baubestimmungen sind zu beachten. § 18 Abs. 3 und die §§ 22 und 69 bleiben unberührt.

(4) Bauprodukte und Bauarten, die den in Vorschriften eines anderen Mitgliedstaates der Europäischen Union oder eines anderen Vertragsstaates des Abkommens über den Europäischen Wirtschaftsraum genannten technischen Anforderungen entsprechen, dürfen verwendet oder angewendet werden, wenn das geforderte Schutzniveau in Bezug auf Sicherheit, Gesundheit und Gebrauchstauglichkeit gleichermaßen dauerhaft erreicht wird.

§ 4
Soziale und ökologische Belange

Bei der Anordnung, Errichtung, Instandhaltung, Änderung und Nutzungsänderung baulicher Anlagen sind die allgemeinen Anforderungen an gesunde Wohn- und Arbeitsverhältnisse, die Belange des Umweltschutzes und die Belange und Sicherheitsbedürfnisse von Frauen, Familien und Kindern, von Menschen mit Behinderungen und älteren Menschen insbesondere im Hinblick auf die Barrierefreiheit sowie angemessenen Wohnraum auch für Familien mit mehreren Kindern und für besondere Wohnformen nach den Bestimmungen dieses Gesetzes und den aufgrund dieses Gesetzes erlassenen Vorschriften zu berücksichtigen. Darüber hinaus sind die Bestimmungen zum barrierefreien Bauen im Sinne des § 2 Abs. 3 des Landesgesetzes zur Gleichstellung behinderter Menschen sowie sonstiger Vorschriften zugunsten von Menschen mit Behinderungen zu berücksichtigen.

§ 5
Gestaltung

(1) Bauliche Anlagen sind so zu gestalten, dass sie nach Form, Maßstab, Verhältnis der Baumassen und Bauteile zueinander, Werkstoff und Farbe nicht verunstaltet wirken.

(2) Bauliche Anlagen sind mit ihrer Umgebung so in Einklang zu bringen, dass

sie benachbarte bauliche Anlagen sowie das Straßen-, Orts- oder Landschaftsbild nicht verunstalten und deren beabsichtigte Gestaltung nicht stören. Auf Kultur- und Naturdenkmäler und auf andere erhaltenswerte Eigenarten der Umgebung ist besondere Rücksicht zu nehmen.

Zweiter Teil
Das Grundstück und seine Bebauung
§ 6
Bebauung der Grundstücke

(1) Grundstücke, die mit umweltgefährdenden Stoffen belastet sind, dürfen nur bebaut werden, wenn von ihnen keine Gefährdungen für die Umwelt, insbesondere die menschliche Gesundheit, ausgehen oder die Gefährdung nach Art der vorgesehenen Bebauung unschädlich ist.

(2) Gebäude dürfen nur errichtet werden, wenn gesichert ist, dass bis zum Beginn ihrer Benutzung

1.

   das Grundstück in angemessener Breite an einer befahrbaren öffentlichen Verkehrsfläche liegt, eine öffentlich-rechtlich gesicherte Zufahrt zu einer befahrbaren öffentlichen Verkehrsfläche hat oder bei Vorhaben im Sinne des § 35 Abs. 1 Nr. 1 bis 6 des Baugesetzbuchs (BauGB) über einen befahrbaren Wirtschaftsweg erreichbar ist; ein nicht befahrbarer Wohnweg genügt, wenn der Brandschutz gewährleistet ist,

2.

   die erforderlichen Wasserversorgungs- und Abwasseranlagen benutzbar sind.

Als Sicherung der Zufahrt genügt eine Dienstbarkeit, wenn sie vor dem 1. Oktober 1974 begründet worden ist.

(3) Ein Gebäude darf nur dann auf mehreren Grundstücken errichtet werden, wenn durch Baulast gesichert ist, dass sie für die Dauer der Bebauung als Grundstückseinheit zusammengefasst bleiben. Dabei bleiben vor die Außenwand geringfügig vortretende Gebäudeteile wie Dachvorsprünge außer Betracht. Satz 2 gilt auch für Anlagen zur Nutzung solarer Strahlungsenergie und Maßnahmen zum Zwecke der Energieeinsparung, soweit sie die Vorgaben des § 8 Abs. 5 Satz 3 und 4 einhalten.

§ 7
Zugänge und Zufahrten

(1) Zu Gebäuden der Gebäudeklassen 2 und 3 ist von öffentlichen Verkehrsflächen ein geradliniger Zu- oder Durchgang zu schaffen, wenn der zweite Rettungsweg dieser Gebäude über Rettungsgeräte der Feuerwehr führt. Der Zu- oder Durchgang muss 1,25 m breit sein. Bei Türöffnungen und anderen geringfügigen Einengungen genügt eine lichte Breite von 1 m. Die

lichte Höhe des Zu- oder Durchgangs muss 2 m betragen.

(2) Zu Gebäuden der Gebäudeklassen 4 und 5 ist anstelle eines Zu- oder Durchgangs nach Absatz 1 eine 3 m breite Zu- oder Durchfahrt zu schaffen. Die lichte Höhe der Zu- oder Durchfahrt muss senkrecht zur Fahrbahn gemessen 3,50 m betragen. Wände und Decken von Durchfahrten müssen feuerbeständig sein.

(3) Eine andere Verbindung als nach den Absätzen 1 oder 2 kann zugelassen werden, wenn dadurch der Einsatz der Feuerwehr nicht behindert wird. Bei Gebäuden, deren zweiter Rettungsweg nicht über Rettungsgeräte der Feuerwehr führt, kann eine Verbindung nach den Absätzen 1 oder 2 verlangt werden, wenn der Einsatz der Feuerwehr dies erfordert.

(4) Bei Gebäuden der Gebäudeklassen 4 und 5 müssen die mit Rettungsgeräten der Feuerwehr erreichbaren Stellen (§ 15 Abs. 4) von einer für Feuerwehrfahrzeuge befahrbaren Fläche anleiterbar sein. Die für Feuerwehrfahrzeuge erforderlichen Aufstell- und Bewegungsflächen sind vorzusehen.

(5) Die Zu- und Durchfahrten nach Absatz 2 sowie die Flächen nach Absatz 4 dürfen nicht durch Einbauten eingeengt werden und müssen für Feuerwehrfahrzeuge ausreichend befestigt und tragfähig sein; sie sind ständig freizuhalten.

§ 8
Abstandsflächen

(1) Vor Außenwänden oberirdischer Gebäude sind Flächen von Gebäuden freizuhalten (Abstandsflächen). Innerhalb der überbaubaren Grundstücksflächen sind Abstandsflächen nicht erforderlich vor Außenwänden, die an Grundstücksgrenzen errichtet werden, wenn nach planungsrechtlichen Vorschriften

1.

    das Gebäude ohne Grenzabstand gebaut werden muss oder

2.

    das Gebäude ohne Grenzabstand gebaut werden darf und öffentlich-rechtlich gesichert ist, dass auf dem Nachbargrundstück ebenfalls ohne Grenzabstand gebaut wird.

Muss nach planungsrechtlichen Vorschriften mit Grenzabstand gebaut werden, ist aber auf dem Nachbargrundstück innerhalb der überbaubaren Grundstücksfläche ein Gebäude ohne Grenzabstand vorhanden, so kann zugelassen oder verlangt werden, dass ebenfalls ohne Grenzabstand gebaut wird. Muss nach planungsrechtlichen Vorschriften ohne Grenzabstand gebaut werden, ist aber auf dem Nachbargrundstück innerhalb der überbaubaren Grundstücksfläche ein Gebäude mit Grenzabstand vorhanden, so kann zugelassen oder verlangt werden, dass eine Abstandsfläche eingehalten wird.

(2) Die Abstandsflächen müssen auf dem Grundstück selbst liegen. Sie dürfen auch auf öffentlichen Verkehrs-, Grün- oder Wasserflächen liegen, jedoch nur bis zu deren Mitte.

(3) Die Abstandsflächen vor Wänden, die einander gegenüberstehen, dürfen sich nicht überdecken; dies gilt nicht für

1.
Wände, die in einem Winkel von mehr als 75° zueinander stehen,

2.
Gebäude und andere bauliche Anlagen, die in den Abstandsflächen zulässig sind oder zugelassen werden.

(4) Die Tiefe der Abstandsfläche bemisst sich nach der Höhe der Wand oder des Wandteils (Wandhöhe); sie wird senkrecht zur Wand gemessen. Als Wandhöhe gilt das Maß von der Geländeoberfläche bis zur Schnittlinie der Wand mit der Dachhaut oder bis zum oberen Abschluss der Wand. Bei Wänden unter Giebelflächen gilt als oberer Abschluss der Wand die Waagrechte in Höhe der Schnittlinien nach Satz 2; liegen die Schnittlinien nicht auf einer Höhe, ist die Waagrechte in der Mitte zwischen den Schnittlinien, bei Pultdächern an der unteren Schnittlinie anzunehmen. Maßgebend ist die im Mittel gemessene Höhe der Wand oder des Wandteils. Zur Wandhöhe werden hinzugerechnet

1.
voll die Höhe von

a)
Dächern und Dachteilen mit einer Dachneigung von mehr als 70°,

b)
Giebelflächen, wenn die Summe der Dachneigungen mehr als 140° beträgt, sowie Giebelflächen von Pultdächern mit einer Dachneigung von mehr als 70°,

2.
zu einem Drittel die Höhe von

a)
Dächern und Dachteilen mit einer Dachneigung von mehr als 45°,

b)

Dächern mit Dachgauben oder anderen Dachaufbauten, wenn diese zusammen mehr als halb so breit wie die Wand sind,

c)

Giebelflächen, die nicht unter Nummer 1 Buchst. b fallen.

Nicht hinzugerechnet wird in den Fällen des Satzes 5 Nr. 1 Buchst. b und Nr. 2 Buchst. c die Höhe von Giebelflächen, die innerhalb eines Dreiecks mit einer in Höhe der Waagrechten nach Satz 3 anzunehmenden Grundlinie von 8 m Länge und mit 4 m Höhe liegen; dies gilt nicht, wenn Dachaufbauten weniger als 1,50 m von der Giebelfläche entfernt sind. Die Summe der Maße nach den Sätzen 2 bis 6 ergibt das Maß H.

(5) Für vor- oder zurücktretende Wandteile wird die Abstandsfläche gesondert ermittelt. Vor die Wand vortretende Gebäudeteile wie Pfeiler, Gesimse, Dachvorsprünge, Blumenfenster, Hauseingangstreppen und deren Überdachungen sowie untergeordnete Vorbauten wie Erker und Balkone bleiben bei der Bemessung der Tiefe der Abstandsfläche außer Betracht, wenn sie nicht mehr als 1,50 m vortreten; von der gegenüberliegenden Grundstücksgrenze müssen sie mindestens 2 m entfernt bleiben. Satz 2 gilt auch für Anlagen zur Nutzung solarer Strahlungsenergie, die nur geringfügig hervortreten wie parallel zu Außenwänden oder Dachflächen angebrachte Solarmodule. Bei vor dem 1. Januar 1999 zulässigerweise errichteten Gebäuden sind Maßnahmen zum Zwecke der Energieeinsparung in den Abstandsflächen zulässig, soweit sie nicht mehr als 0,25 m vor die Außenwandfläche treten und die Bedachung um nicht mehr als 0,25 m angehoben wird; sie dürfen darüber hinaus mit nach Satz 3 zulässigen Anlagen verbunden werden.

(6) Die Tiefe der Abstandsfläche beträgt 0,4 H, in Gewerbe- und Industriegebieten 0,25 H. In Kerngebieten sowie in Sondergebieten, die nicht der Erholung dienen, kann eine geringere Tiefe als 0,4 H zugelassen werden, wenn die Nutzung der Gebiete dies rechtfertigt. In allen Fällen muss die Tiefe der Abstandsfläche jedoch mindestens 3 m betragen.

(7) Vor Wänden aus brennbaren Baustoffen, die nicht mindestens feuerhemmend sind, sowie vor feuerhemmenden Wänden, die eine Außenfläche oder überwiegend eine Bekleidung aus normalentflammbaren Baustoffen haben, darf die Tiefe der Abstandsfläche 5 m nicht unterschreiten. Dies gilt nicht für Gebäude mit nicht mehr als zwei Geschossen über der Geländeoberfläche sowie für Wände von untergeordneten Vorbauten, wenn sie nicht mehr als 1,50 m vor die Flucht der vorderen oder hinteren Außenwand des Nachbargebäudes vortreten und vom Nachbargebäude oder von der Grundstücksgrenze einen ihrer Ausladung entsprechenden Abstand, mindestens aber einen Abstand von 1 m einhalten.

(8) Für bauliche Anlagen, andere Anlagen und Einrichtungen, von denen Wirkungen wie von oberirdischen Gebäuden ausgehen, gelten die Absätze 1 bis 7 gegenüber Gebäuden und Grundstücksgrenzen entsprechend. Sie sind ohne

eigene Abstandsflächen oder mit einer geringeren Tiefe der Abstandsflächen und in den Abstandsflächen von Gebäuden zulässig, wenn die Beleuchtung mit Tageslicht nicht erheblich beeinträchtigt wird und der Brandschutz gewährleistet ist. Ohne eigene Abstandsflächen und in den Abstandsflächen von Gebäuden sind Einfriedungen und Stützmauern bis zu 2 m Höhe, in Gewerbe- und Industriegebieten ohne Begrenzung der Höhe zulässig.

(9) Gegenüber Grundstücksgrenzen dürfen ohne Abstandsflächen oder mit einer geringeren Tiefe der Abstandsflächen

1.

    Garagen,

2.

    Gebäude und Anlagen zur örtlichen Versorgung mit Elektrizität, Gas und Wasser und

3.

    sonstige Gebäude ohne Aufenthaltsräume und Feuerstätten

errichtet werden, wenn sie an den Grundstücksgrenzen oder in einem Abstand von bis zu 3 m von den Grundstücksgrenzen

a)

    eine mittlere Wandhöhe von 3,20 m über der Geländeoberfläche nicht überschreiten,

b)

    eine Länge von 12 m an einer Grundstücksgrenze nicht überschreiten und

c)

    Dächer haben, die zur Grundstücksgrenze nicht mehr als 45° geneigt sind; Giebel an der Grundstücksgrenze dürfen eine Höhe von 4 m über der Geländeoberfläche nicht überschreiten.

Die Höhen und Längen nach Satz 1 gelten nur für Wände und Wandteile, die in einem Winkel von nicht mehr als 75° zur Grundstücksgrenze stehen. Die Gebäude nach Satz 1 sind in den Abstandsflächen von anderen Gebäuden sowie ohne eigene Abstandsflächen oder mit einer geringeren Tiefe der Abstandsflächen gegenüber anderen Gebäuden zulässig, wenn der Brandschutz gewährleistet ist und die Beleuchtung von Aufenthaltsräumen mit Tageslicht nicht erheblich beeinträchtigt wird. Die Gebäude nach Satz 1 dürfen eine Länge von insgesamt 18 m an allen Grundstücksgrenzen nicht überschreiten; diese Begrenzung ist nicht nachbarschützend. Die Gebäude nach Satz 1 Nr. 1 und 3 dürfen auch einen Zugang zu einem anderen Gebäude haben und mit diesem im Bereich der Dächer baulich verbunden werden, wenn das andere Gebäude für sich betrachtet die erforderliche Abstandsfläche einhält. Anlagen zur Nutzung solarer Strahlungsenergie sind auf den Dächern der Gebäude nach Satz 1 unter den Voraussetzungen des Absatzes 5 Satz 3 zulässig; sonstige Anlagen und Nutzungen (wie Dachterrassen) sind nur zulässig, wenn sichergestellt ist, dass ein Abstand von 3 m zu den Grundstücksgrenzen eingehalten wird.

(10) Geringere Tiefen der Abstandsflächen können zugelassen werden

1.

vor Wänden, die auf demselben Grundstück in einem Winkel von 75° oder weniger zueinander stehen, wenn es sich handelt um

a)

Wände von Gebäuden, die nicht dem Wohnen dienen,

b)

Wände von Wohngebäuden, in denen keine Fenster von Wohn- oder Schlafräumen angeordnet sind,

c)

Wände derselben Wohnung zu einem eigenen Innenhof,

2.

in überwiegend bebauten Gebieten, wenn die Gestaltung des Straßenbildes oder städtebauliche Verhältnisse dies erfordern,

sofern die Beleuchtung mit Tageslicht und die Lüftung von Aufenthaltsräumen nicht erheblich beeinträchtigt werden und der Brandschutz gewährleistet ist. Bei Windenergieanlagen in nicht bebauten Gebieten kann eine Tiefe der Abstandsfläche bis zu 0,25 H zugelassen werden; Absatz 6 Satz 3 bleibt unberührt.

(11) Geringere Abstandsflächen sind zulässig, wenn sie aus zwingenden Festsetzungen eines Bebauungsplans, aus der Sonderregelung zur sparsamen und effizienten Nutzung von Energie nach § 248 BauGB oder aus einer örtlichen Bauvorschrift nach § 88 folgen und die Beleuchtung mit Tageslicht, die Lüftung und der Brandschutz gewährleistet sind; entsprechendes gilt für größere Abstandsflächen.

(12) Wird in zulässiger Weise errichteten Gebäuden, deren Außenwände die nach diesem Gesetz erforderlichen Abstandsflächen gegenüber Grundstücksgrenzen nicht einhalten, Raum für die Wohnnutzung oder die

Änderung und Entwicklung ansässiger, ortsüblicher Betriebe insbesondere des Weinbaus, Handwerks oder Gastgewerbes durch Ausbau oder Änderung der Nutzung geschaffen, gelten die Absätze 1 bis 4 und 6 nicht für diese Außenwände, wenn

1. die Gebäude in Gebieten liegen, die überwiegend dem Wohnen oder der Innenentwicklung von Städten und Gemeinden dienen,

2. die Gebäude eine erhaltenswerte Bausubstanz haben und

3. die äußere Gestalt des Gebäudes nicht oder nur unwesentlich verändert wird; Dachgauben und ähnliche Dachaufbauten, Fenster und sonstige Öffnungen in Dächern oder Wänden sind unbeschadet der §§ 30 und 32 so anzuordnen, dass von ihnen keine Belästigungen oder Störungen ausgehen können, die für die Nachbarinnen und Nachbarn unzumutbar sind.

Satz 1 gilt nicht für Gebäude im Sinne des Absatzes 9.

§ 9
Übernahme von Abständen und Abstandsflächen auf Nachbargrundstücke, Grundstücksteilungen

(1) Soweit nach diesem Gesetz oder nach Vorschriften aufgrund dieses Gesetzes Abstände und Abstandsflächen auf dem Grundstück selbst liegen müssen, kann zugelassen werden, dass sie sich ganz oder teilweise auf andere Grundstücke erstrecken, wenn öffentlich-rechtlich gesichert ist, dass sie nicht überbaut und auf die auf diesen Grundstücken erforderlichen Abstände und Abstandsflächen nicht angerechnet werden. Vorschriften, nach denen eine Überbauung zulässig ist oder zugelassen werden kann, bleiben unberührt.

(2) Die bei der Errichtung eines Gebäudes vorgeschriebenen Abstände und Abstandsflächen dürfen bei nachträglichen Grenzänderungen und Grundstücksteilungen nicht unterschritten oder überbaut werden. Dabei muss die Erschließung gesichert sein und es dürfen auch sonst keine baurechtlichen Vorschriften entgegenstehen. Absatz 1 gilt entsprechend. Die Zulassung von Abweichungen nach § 69 ist schriftlich zu beantragen; die §§ 63, 65, 68 und 70 gelten entsprechend.

§ 10
Höhenlage, Abfall- und Wertstoffbehälter, nicht überbaute Flächen

(1) Bei der Errichtung oder Änderung baulicher Anlagen kann verlangt werden, dass die Oberfläche des Grundstücks erhalten oder in ihrer Höhenlage verändert wird, um eine Störung des Straßen-, Orts- oder Landschaftsbildes zu vermeiden oder zu beseitigen oder um die Oberfläche an die Höhe der

Verkehrsfläche oder der Nachbargrundstücke anzugleichen.

(2) Die Höhenlage der baulichen Anlagen ist, soweit erforderlich, festzusetzen. Hierbei sind die Höhenlage der Verkehrsflächen und die Anforderungen an die Abwasserbeseitigung zu beachten.

(3) Für Abfall- und Wertstoffbehälter sollen befestigte Plätze an geeigneter Stelle hergestellt werden.

(4) Nicht überbaute Flächen bebauter Grundstücke sollen begrünt werden, soweit sie nicht für eine zulässige Nutzung benötigt werden. Befestigungen, die die Wasserdurchlässigkeit des Bodens wesentlich beschränken, sind nur zulässig, soweit ihre Zweckbestimmung dies erfordert.

§ 11
Kinderspielplätze

(1) Bei der Errichtung von Gebäuden mit mehr als drei Wohnungen ist ein Spielplatz für Kleinkinder herzustellen, der nach seiner Lage und Beschaffenheit ein gefahrloses Spielen ermöglicht. Der Spielplatz soll in angemessenem Umfang barrierefrei sein und besonnt und windgeschützt liegen; Ruf- und Sichtkontakt zur Wohnbebauung sollen gewährleistet sein. Seine Größe richtet sich nach der Zahl der Wohnungen.

(2) Der Spielplatz ist auf dem zu bebauenden Grundstück herzustellen. Es kann zugelassen werden, ihn in unmittelbarer Nähe auf einem anderen Grundstück, auch in einer Gemeinschaftsanlage, herzustellen, wenn dieses Grundstück von den Kindern gefahrlos erreicht werden kann und seine Benutzung als Spielplatz öffentlich-rechtlich gesichert ist. Es kann ferner zugelassen werden, dass die Verpflichtung der Bauherrin oder des Bauherrn nach Absatz 1 durch eine angemessene Beteiligung an den Kosten für die Herstellung und Unterhaltung eines öffentlichen Spielplatzes in unmittelbarer Nähe des Baugrundstücks erfüllt wird; die Gemeinde kann Sicherheitsleistung verlangen.

(3) Der Spielplatz muss spätestens sechs Monate nach Bezug der Wohnungen benutzbar sein; die Frist kann verlängert werden, wenn besondere Umstände die Einhaltung der Frist nicht zulassen oder die Herstellung eines Spielplatzes noch nicht erfordern.

(4) Bei bestehenden Gebäuden kann die Herstellung und Instandhaltung von Spielplätzen verlangt werden, wenn dies wegen der Gesundheit der Kinder oder zum Schutz vor Verkehrsgefahren erforderlich ist und die Grundstücksverhältnisse nicht entgegenstehen.

(5) Die Absätze 1 bis 4 gelten nicht, wenn nach der Art der Wohnungen ein Spielplatz nicht erforderlich ist.

§ 12
Einfriedungen

(1) Wenn die Verkehrssicherheit es erfordert, kann verlangt werden, dass Grundstücke eingefriedet oder abgegrenzt werden. Dies gilt auch für bauliche Anlagen im Sinne des § 2 Abs. 1 Satz 3 Nr. 1 bis 5.

(2) Für Einfriedungen und Abgrenzungen, die keine baulichen Anlagen sind, gelten die §§ 5 und 17 entsprechend.

Dritter Teil
Bauliche Anlagen
Erster Abschnitt
Allgemeine Anforderungen an die Bauausführung

§ 13
Standsicherheit

(1) Jede bauliche Anlage muss im Ganzen und in ihren einzelnen Teilen sowie für sich allein standsicher und dauerhaft sein. Die Standsicherheit anderer baulicher Anlagen und die Tragfähigkeit des Baugrundes des Nachbargrundstücks dürfen nicht gefährdet werden.

(2) Die Verwendung gemeinsamer Bauteile für mehrere bauliche Anlagen ist zulässig, wenn öffentlich-rechtlich und technisch gesichert ist, dass die gemeinsamen Bauteile beim Abbruch einer baulichen Anlage erhalten bleiben.

§ 14
Schutz gegen schädliche Einwirkungen

Bauliche Anlagen sowie andere Anlagen und Einrichtungen im Sinne des § 1 Abs. 1 Satz 2 müssen so angeordnet und beschaffen sein, dass durch Wasser, Feuchtigkeit, pflanzliche oder tierische Schädlinge sowie andere chemische, physikalische oder biologische Einflüsse Gefahren oder unzumutbare Belästigungen nicht entstehen. Dabei sind in Gebieten mit signifikantem Hochwasserrisiko im Sinne des § 73 Abs. 1 des Wasserhaushaltsgesetzes die in den wasserrechtlichen Gefahrenkarten und Risikokarten enthaltenen Angaben zu berücksichtigen.

§ 15
Brandschutz

(1) Bauliche Anlagen müssen so angeordnet und beschaffen sein, dass der Entstehung eines Brandes und der Ausbreitung von Feuer und Rauch vorgebeugt wird und bei einem Brand die Rettung von Menschen und Tieren und wirksame Löscharbeiten möglich sind.

(2) Baustoffe werden nach den Anforderungen an ihr Brandverhalten unterschieden in nicht brennbare, schwer entflammbare und normalentflammbare Baustoffe. Leicht entflammbare Baustoffe dürfen nicht verwendet werden; dies gilt nicht, wenn sie durch Verbindung mit anderen Baustoffen nicht mehr leicht entflammbar sind.

(3) Bauteile werden nach den Anforderungen an ihre Feuerwiderstandsfähigkeit unterschieden in feuerbeständige, hochfeuerhemmende und feuerhemmende Bauteile. Die Feuerwiderstandsfähigkeit bezieht sich bei tragenden und aussteifenden Bauteilen auf deren Standsicherheit im Brandfall, bei raumabschließenden Bauteilen auf deren Widerstand gegen die Brandausbreitung. Bauteile werden zusätzlich nach dem Brandverhalten ihrer Baustoffe unterschieden. Feuerbeständige Bauteile müssen mindestens in den

wesentlichen Teilen aus nicht brennbaren Baustoffen bestehen. Hochfeuerhemmende Bauteile, deren tragende und aussteifende Teile aus brennbaren Baustoffen bestehen, müssen allseitig mindestens eine brandschutztechnisch wirksame Bekleidung (Brandschutzbekleidung) und Dämmstoffe jeweils aus nicht brennbaren Baustoffen haben. Die Sätze 4 und 5 gelten nicht für Abschlüsse von Öffnungen.

(4) Jede Nutzungseinheit mit einem oder mehreren Aufenthaltsräumen muss in jedem Geschoss über mindestens zwei voneinander unabhängige Rettungswege erreichbar sein; beide Rettungswege dürfen jedoch innerhalb des Geschosses über denselben notwendigen Flur führen. Die Rettungswege müssen bei Nutzungseinheiten, die nicht zu ebener Erde liegen, über notwendige Treppen (§ 33 Abs. 1) führen. Bei Gebäuden, die nicht Hochhäuser sind, darf der zweite Rettungsweg über mit vorhandenen Rettungsgeräten der Feuerwehr erreichbare Stellen (Oberkante der Brüstung eines notwendigen Fensters oder sonstige geeignete Stellen) führen; diese Stellen dürfen bei Gebäuden der Gebäudeklassen 2 und 3 nicht mehr als 8 m über der Geländeoberfläche liegen. Abweichend von Satz 1 genügt ein Rettungsweg, wenn der Treppenraum der notwendigen Treppe so angeordnet und beschaffen ist, dass Feuer und Rauch nicht eindringen können (Sicherheitstreppenraum).

(5) Bauliche Anlagen, bei denen Blitzschlag leicht eintreten oder zu besonders schweren Folgen führen kann, sind mit dauernd wirksamen Blitzschutzanlagen zu versehen.

§ 16
Wärme-, Schall- und Erschütterungsschutz

(1) Gebäude müssen einen ihrer Nutzung und den klimatischen Verhältnissen entsprechenden Wärmeschutz haben.

(2) Gebäude müssen einen ihrer Lage und Nutzung entsprechenden Schallschutz haben. Geräusche, die von ortsfesten Anlagen und Einrichtungen in baulichen Anlagen oder auf Grundstücken ausgehen, sind so zu dämmen, dass Gefahren oder unzumutbare Belästigungen nicht entstehen.

(3) Erschütterungen oder Schwingungen, die von ortsfesten Anlagen und Einrichtungen in baulichen Anlagen oder auf Grundstücken ausgehen, sind so zu dämmen, dass Gefahren oder unzumutbare Belästigungen nicht entstehen.

§ 17
Verkehrssicherheit

(1) Bauliche Anlagen und die dem Verkehr dienenden nicht überbauten Flächen bebauter Grundstücke müssen verkehrssicher sein.

(2) Bauliche Anlagen und ihre Benutzung dürfen die Sicherheit oder Leichtigkeit des öffentlichen Verkehrs nicht gefährden.

Zweiter Abschnitt
Bauprodukte und Bauarten

§ 18
Bauprodukte

(1) Bauprodukte dürfen für die Errichtung, Änderung und Instandhaltung baulicher Anlagen nur verwendet werden, wenn sie für den Verwendungszweck

1. von den nach Absatz 2 Satz 1 bekannt gemachten technischen Regeln nicht oder nicht wesentlich abweichen (geregelte Bauprodukte) oder nach Absatz 3 zulässig sind und wenn sie aufgrund des Übereinstimmungsnachweises nach § 23 das Übereinstimmungszeichen (Ü-Zeichen) tragen oder

2. nach den Bestimmungen

    a) der Verordnung (EU) Nr. 305/2011 des Europäischen Parlaments und des Rates vom 9. März 2011 zur Festlegung harmonisierter Bedingungen für die Vermarktung von Bauprodukten und zur Aufhebung der Richtlinie 89/106/ EWG des Rates (ABl. EU Nr. L 88 S. 5; 2013 Nr. L 103 S. 10) in der jeweils geltenden Fassung,

    b) anderer unmittelbar geltender Vorschriften der Europäischen Union oder

    c) zur Umsetzung von Richtlinien der Europäischen Union, soweit diese die Grundanforderungen an Bauwerke nach Anhang I der Verordnung (EU) Nr. 305/2011 berücksichtigen,

in den Verkehr gebracht und gehandelt werden dürfen, insbesondere die CE-Kennzeichnung (Artikel 8 und 9 der Verordnung - EU - Nr. 305/2011) tragen und dieses Zeichen die nach Absatz 7 Nr. 1 festgelegten Leistungsstufen oder -klassen ausweist oder die Leistung des Bauprodukts angibt.

Sonstige Bauprodukte, die allgemein anerkannten Regeln der Technik entsprechen, dürfen auch verwendet werden, wenn diese Regeln nicht in der Bauregelliste A bekannt gemacht sind. Bauprodukte, die von diesen allgemein anerkannten Regeln der Technik abweichen, bedürfen keines Nachweises ihrer Verwendbarkeit nach Absatz 3.

(2) Das Deutsche Institut für Bautechnik, Berlin, macht im Einvernehmen mit

der obersten Bauaufsichtsbehörde für Bauprodukte, für die nicht nur die Vorschriften nach Absatz 1 Satz 1 Nr. 2 maßgebend sind, in der Bauregelliste A die technischen Regeln bekannt, die zur Erfüllung der in diesem Gesetz und in Vorschriften aufgrund dieses Gesetzes an bauliche Anlagen gestellten Anforderungen erforderlich sind. Diese technischen Regeln gelten als technische Baubestimmungen im Sinne des § 3 Abs. 3 Satz 1.

(3) Bauprodukte, für die technische Regeln in der Bauregelliste A nach Absatz 2 Satz 1 bekannt gemacht worden sind und die von diesen wesentlich abweichen oder für die es technische Baubestimmungen oder allgemein anerkannte Regeln der Technik nicht gibt (nicht geregelte Bauprodukte), müssen

1.

    eine allgemeine bauaufsichtliche Zulassung (§ 19),

2.

    ein allgemeines bauaufsichtliches Prüfzeugnis (§ 20) oder

3.

    eine Zustimmung im Einzelfall (§ 21) haben.

Ausgenommen sind Bauprodukte, die nur eine untergeordnete Bedeutung für die Erfüllung der Anforderungen dieses Gesetzes und der Vorschriften aufgrund dieses Gesetzes haben und durch das Deutsche Institut für Bautechnik im Einvernehmen mit der obersten Bauaufsichtsbehörde in einer Liste C öffentlich bekannt gemacht worden sind.

(4) Das fachlich zuständige Ministerium kann durch Rechtsverordnung vorschreiben, dass für bestimmte Bauprodukte, auch soweit sie Anforderungen nach anderen Rechtsvorschriften unterliegen, hinsichtlich dieser Anforderungen bestimmte Nachweise der Verwendbarkeit und bestimmte Übereinstimmungsnachweise nach Maßgabe der §§ 18 bis 21 und der §§ 23 bis 26 zu führen sind, wenn die anderen Rechtsvorschriften diese Nachweise verlangen oder zulassen.

(5) Bei Bauprodukten nach Absatz 1 Satz 1 Nr. 1, deren Herstellung in außergewöhnlichem Maß von der Sachkunde und Erfahrung der damit betrauten Personen oder von einer Ausstattung mit besonderen Vorrichtungen abhängt, kann in der allgemeinen bauaufsichtlichen Zulassung, in der Zustimmung im Einzelfall oder durch Rechtsverordnung des fachlich zuständigen Ministeriums vorgeschrieben werden, dass das Herstellerunternehmen über solche Fachkräfte und Vorrichtungen verfügt und den Nachweis hierüber gegenüber einer Prüfstelle nach § 26 Satz 1 Nr. 6 zu erbringen hat.

(6) Für Bauprodukte, die wegen ihrer besonderen Eigenschaften oder ihres besonderen Verwendungszwecks einer außergewöhnlichen Sorgfalt bei Einbau,

Transport, Instandhaltung oder Reinigung bedürfen, kann in der allgemeinen bauaufsichtlichen Zulassung, in der Zustimmung im Einzelfall oder durch Rechtsverordnung des fachlich zuständigen Ministeriums die Überwachung dieser Tätigkeiten durch eine Überwachungsstelle nach § 26 Satz 1 Nr. 5 vorgeschrieben werden.

(7) Das Deutsche Institut für Bautechnik kann im Einvernehmen mit der obersten Bauaufsichtsbehörde in der Bauregelliste B

1.
> festlegen, welche Leistungsstufen oder -klassen nach Artikel 27 der Verordnung (EU) Nr. 305/2011 oder nach Vorschriften zur Umsetzung der Richtlinien der Europäischen Union Bauprodukte nach Absatz 1 Satz 1 Nr. 2 erfüllen müssen, und

2.
> bekannt machen, inwieweit Vorschriften zur Umsetzung von Richtlinien der Europäischen Union die Grundanforderungen an Bauwerke nach Anhang I der Verordnung (EU) Nr. 305/2011 nicht berücksichtigen.

§ 19
Allgemeine bauaufsichtliche Zulassung

(1) Das Deutsche Institut für Bautechnik erteilt auf schriftlichen Antrag eine allgemeine bauaufsichtliche Zulassung für nicht geregelte Bauprodukte, wenn bei deren Verwendung die baulichen Anlagen den Anforderungen dieses Gesetzes und den Vorschriften aufgrund dieses Gesetzes genügen.

(2) Die zur Begründung des Antrags erforderlichen Unterlagen sind beizufügen. Soweit erforderlich, sind Probestücke von der antragstellenden Person zur Verfügung zu stellen oder durch sachverständige Personen oder Stellen, die das Deutsche Institut für Bautechnik bestimmen kann, zu entnehmen sowie Probeausführungen unter Aufsicht der sachverständigen Personen oder Stellen herzustellen. Das Deutsche Institut für Bautechnik soll den Antrag zurückweisen, wenn er wegen fehlender Angaben oder Unterlagen oder erheblicher Mängel nicht geprüft werden kann.

(3) Das Deutsche Institut für Bautechnik kann für die Durchführung der Prüfung die sachverständige Person oder Stelle und für Probeausführungen die Ausführungsstelle und Ausführungszeit vorschreiben.

(4) Die allgemeine bauaufsichtliche Zulassung wird widerruflich und für eine bestimmte Frist erteilt, die in der Regel fünf Jahre beträgt. Die Zulassung kann mit Nebenbestimmungen erteilt werden. Sie kann auf schriftlichen Antrag in der Regel um jeweils fünf Jahre verlängert werden; § 74 Abs. 2 Satz 2 und 3 gilt entsprechend.

(5) Die Zulassung wird unbeschadet der Rechte Dritter erteilt.

(6) Das Deutsche Institut für Bautechnik macht die allgemeinen bauaufsichtlichen Zulassungen nach Gegenstand und wesentlichem Inhalt öffentlich bekannt.

§ 20
Allgemeines bauaufsichtliches Prüfzeugnis

(1) Nicht geregelte Bauprodukte, deren Verwendung nicht der Erfüllung erheblicher Anforderungen an die Sicherheit baulicher Anlagen dient oder die nach allgemein anerkannten Prüfverfahren beurteilt werden, bedürfen anstelle einer allgemeinen bauaufsichtlichen Zulassung nur eines allgemeinen bauaufsichtlichen Prüfzeugnisses. Das Deutsche Institut für Bautechnik gibt diese Bauprodukte im Einvernehmen mit der obersten Bauaufsichtsbehörde in der Bauregelliste A bekannt.

(2) Ein allgemeines bauaufsichtliches Prüfzeugnis wird von einer Prüfstelle nach § 26 Satz 1 Nr. 1 für nicht geregelte Bauprodukte nach Absatz 1 erteilt, wenn bei deren Verwendung die baulichen Anlagen den Anforderungen dieses Gesetzes und den Vorschriften aufgrund dieses Gesetzes genügen. § 19 Abs. 2 bis 6 gilt entsprechend. Die oberste Bauaufsichtsbehörde kann allgemeine bauaufsichtliche Prüfzeugnisse zurücknehmen oder widerrufen; die §§ 48 und 49 des Verwaltungsverfahrensgesetzes (VwVfG) finden Anwendung.

§ 21
Zustimmung im Einzelfall

Mit Zustimmung der obersten Bauaufsichtsbehörde dürfen im Einzelfall

1.

   Bauprodukte, die auf der Grundlage von unmittelbar geltendem Recht der Europäischen Union in Verkehr gebracht und gehandelt werden dürfen, hinsichtlich der nicht berücksichtigten Grundanforderungen an Bauwerke im Sinne des § 18 Abs. 7 Nr. 2,

2.

   Bauprodukte, die nach Vorschriften zur Umsetzung von Richtlinien der Europäischen Union in Verkehr gebracht und gehandelt werden dürfen, hinsichtlich der nicht berücksichtigten Grundanforderungen an Bauwerke im Sinne des § 18 Abs. 7 Nr. 2,

3.

   nicht geregelte Bauprodukte

verwendet werden, wenn ihre Verwendbarkeit im Sinne des § 3 Abs. 2 nachgewiesen ist. Die oberste Bauaufsichtsbehörde kann für genau begrenzte Fälle festlegen, dass ihre Zustimmung nicht erforderlich ist.

§ 22
Bauarten

(1) Bauarten, die von technischen Baubestimmungen wesentlich abweichen oder für die es allgemein anerkannte Regeln der Technik nicht gibt (nicht geregelte Bauarten), dürfen bei der Errichtung, Änderung und Instandhaltung baulicher Anlagen nur angewendet werden, wenn für sie

1.
   eine allgemeine bauaufsichtliche Zulassung oder

2.
   eine Zustimmung im Einzelfall

erteilt worden ist. Anstelle einer allgemeinen bauaufsichtlichen Zulassung genügt ein allgemeines bauaufsichtliches Prüfzeugnis, wenn die Bauart nicht der Erfüllung erheblicher Anforderungen an die Sicherheit baulicher Anlagen dient oder nach allgemein anerkannten Prüfverfahren beurteilt wird; das Deutsche Institut für Bautechnik macht diese Bauarten mit der Angabe der maßgebenden technischen Regeln und, soweit es keine allgemein anerkannten Regeln der Technik gibt, mit der Bezeichnung der Bauarten im Einvernehmen mit der obersten Bauaufsichtsbehörde in der Bauregelliste A bekannt. § 18 Abs. 5 und 6, die §§ 19 und 20 Abs. 2 und § 21 gelten entsprechend. Die oberste Bauaufsichtsbehörde kann für genau begrenzte Fälle festlegen, dass eine allgemeine bauaufsichtliche Zulassung, ein allgemeines bauaufsichtliches Prüfzeugnis oder eine Zustimmung im Einzelfall nicht erforderlich ist.

(2) Das fachlich zuständige Ministerium kann durch Rechtsverordnung vorschreiben, dass für bestimmte Bauarten, auch soweit sie Anforderungen nach anderen Rechtsvorschriften unterliegen, Absatz 1 ganz oder teilweise anwendbar ist, wenn die anderen Rechtsvorschriften dies verlangen oder zulassen.

§ 23
Übereinstimmungsnachweis

(1) Bauprodukte bedürfen einer Bestätigung ihrer Übereinstimmung mit den technischen Regeln der Bauregelliste A, den allgemeinen bauaufsichtlichen Zulassungen, den allgemeinen bauaufsichtlichen Prüfzeugnissen oder den Zustimmungen im Einzelfall; eine Übereinstimmung liegt vor, wenn die Abweichung nicht wesentlich ist.

(2) Die Bestätigung der Übereinstimmung erfolgt durch

1.
   Übereinstimmungserklärung des Herstellerunternehmens (§ 24) oder

2.
   Übereinstimmungszertifikat (§ 25).

Die Bestätigung durch Übereinstimmungszertifikat kann in der Bauregelliste A, in der allgemeinen bauaufsichtlichen Zulassung oder in der Zustimmung im Einzelfall vorgeschrieben werden, wenn dies zum Nachweis einer ordnungsgemäßen Herstellung erforderlich ist. Die oberste Bauaufsichtsbehörde kann die Verwendung von Bauprodukten ohne Übereinstimmungszertifikat zulassen, wenn nachgewiesen ist, dass diese Bauprodukte den technischen Regeln, Zulassungen, Prüfzeugnissen oder Zustimmungen nach Absatz 1 entsprechen. Bauprodukte, die nicht in Serie hergestellt werden, bedürfen nur der Übereinstimmungserklärung des Herstellerunternehmens nach § 24 Abs. 1, sofern nichts anderes bestimmt ist.

(3) Für Bauarten gelten die Absätze 1 und 2 entsprechend.

(4) Die Übereinstimmungserklärung des Herstellerunternehmens oder die Erklärung, dass ein Übereinstimmungszertifikat erteilt ist, hat das Herstellerunternehmen durch die Kennzeichnung der Bauprodukte mit dem Übereinstimmungszeichen (Ü-Zeichen) unter Hinweis auf den Verwendungszweck abzugeben.

(5) Das Ü-Zeichen ist auf dem Bauprodukt, auf einem Beipackzettel oder auf seiner Verpackung oder, wenn dies Schwierigkeiten bereitet, auf dem Lieferschein oder auf einer Anlage zum Lieferschein anzubringen.

(6) Sind Bauprodukte ohne Vorliegen der Voraussetzungen mit dem Ü-Zeichen gekennzeichnet, so kann die Bauaufsichtsbehörde die Verwendung dieser Bauprodukte untersagen und deren Kennzeichnung entwerten oder beseitigen lassen.

§ 24
Übereinstimmungserklärung des Herstellerunternehmens

(1) Das Herstellerunternehmen darf eine Übereinstimmungserklärung nur abgeben, wenn es durch werkseigene Produktionskontrolle sichergestellt hat, dass das von ihm hergestellte Bauprodukt den maßgebenden technischen Regeln, der allgemeinen bauaufsichtlichen Zulassung, dem allgemeinen bauaufsichtlichen Prüfzeugnis oder der Zustimmung im Einzelfall entspricht.

(2) In den technischen Regeln nach § 18 Abs. 2, in der Bauregelliste A, in den allgemeinen bauaufsichtlichen Zulassungen, in den allgemeinen bauaufsichtlichen Prüfzeugnissen oder in den Zustimmungen im Einzelfall kann eine Prüfung der Bauprodukte durch eine Prüfstelle nach § 26 Satz 1 Nr. 2 vor Abgabe der Übereinstimmungserklärung vorgeschrieben werden, wenn dies zur Sicherung einer ordnungsgemäßen Herstellung erforderlich ist. In diesen Fällen hat die Prüfstelle das Bauprodukt daraufhin zu überprüfen, ob es den maßgebenden technischen Regeln, der allgemeinen bauaufsichtlichen Zulassung, dem allgemeinen bauaufsichtlichen Prüfzeugnis oder der Zustimmung im Einzelfall entspricht.

§ 25
Übereinstimmungszertifikat

(1) Ein Übereinstimmungszertifikat ist auf schriftlichen Antrag von einer Zertifizierungsstelle nach § 26 Satz 1 Nr. 3 zu erteilen, wenn das Bauprodukt

1.
> den maßgebenden technischen Regeln, der allgemeinen bauaufsichtlichen Zulassung, dem allgemeinen bauaufsichtlichen Prüfzeugnis oder der Zustimmung im Einzelfall entspricht und

2.
> einer werkseigenen Produktionskontrolle sowie einer Fremdüberwachung nach Maßgabe des Absatzes 2 unterliegt.

(2) Die Fremdüberwachung ist von Überwachungsstellen nach § 26 Satz 1 Nr. 4 durchzuführen. Die Fremdüberwachung hat regelmäßig zu überprüfen, ob das Bauprodukt den maßgebenden technischen Regeln, der allgemeinen bauaufsichtlichen Zulassung, dem allgemeinen bauaufsichtlichen Prüfzeugnis oder der Zustimmung im Einzelfall entspricht.

§ 26
Prüf-, Zertifizierungs- und Überwachungsstellen

Die oberste Bauaufsichtsbehörde kann eine natürliche oder juristische Person als

1.
> Prüfstelle für die Erteilung allgemeiner bauaufsichtlicher Prüfzeugnisse (§ 20 Abs. 2),

2.
> Prüfstelle für die Überprüfung von Bauprodukten vor Bestätigung der Übereinstimmung (§ 24 Abs. 2),

3.
> Zertifizierungsstelle (§ 25 Abs. 1),

4.
> Überwachungsstelle für die Fremdüberwachung (§ 25 Abs. 2),

5.
> Überwachungsstelle für die Überwachung nach § 18 Abs. 6 oder

6.
> Prüfstelle für die Überprüfung nach § 18 Abs. 5

anerkennen, wenn sie oder die bei ihr Beschäftigten nach ihrer Ausbildung,

Fachkenntnis, persönlichen Zuverlässigkeit, ihrer Unparteilichkeit und ihren Leistungen die Gewähr dafür bieten, dass diese Aufgaben den öffentlich-rechtlichen Vorschriften entsprechend wahrgenommen werden, und wenn sie über die erforderlichen Vorrichtungen verfügen. Satz 1 ist entsprechend auf Behörden anzuwenden, wenn sie ausreichend mit geeigneten Fachkräften besetzt und mit den erforderlichen Vorrichtungen ausgestattet sind. Die von anderen Ländern der Bundesrepublik Deutschland anerkannten Prüf-, Zertifizierungs- und Überwachungsstellen sind auch in Rheinland-Pfalz anerkannt.

Dritter Abschnitt
Wände, Decken und Dächer

§ 27
Tragende Wände, Pfeiler und Stützen

(1) Tragende und aussteifende Wände und ihre Unterstützungen müssen im Brandfall zur Durchführung von Rettungsmaßnahmen und wirksamen Löscharbeiten ausreichend lang standsicher sein. Sie sind bei Gebäuden der

1. Gebäudeklasse 5 feuerbeständig,

2. Gebäudeklasse 4 in Kellergeschossen feuerbeständig, im Übrigen hochfeuerhemmend,

3. Gebäudeklasse 3 in Kellergeschossen feuerbeständig, im Übrigen feuerhemmend,

4. Gebäudeklasse 2 in Kellergeschossen sowie im untersten Geschoss mit einer dritten Wohnung feuerhemmend und in den wesentlichen Teilen aus nicht brennbaren Baustoffen, im Übrigen feuerhemmend

herzustellen; dies gilt nicht für Geschosse im Dachraum, über denen sich keine Aufenthaltsräume befinden, für zu ebener Erde liegende, eingeschossige Vorbauten wie Wintergärten sowie für Unterstützungen von Balkonen.

(2) Für tragende Pfeiler und Stützen gilt Absatz 1 entsprechend.

§ 28
Außenwände

(1) Nicht tragende Außenwände und nicht tragende Teile tragender Außenwände sind bei Gebäuden der Gebäudeklassen 4 und 5 aus nicht brennbaren Baustoffen oder als raumabschließende Bauteile feuerhemmend

herzustellen.

(2) Außenflächen sowie Bekleidungen von Außenbauteilen einschließlich der Dämmstoffe und der Unterkonstruktionen sind so auszubilden, dass eine Brandausbreitung auf und in diesen Bauteilen ausreichend lang begrenzt ist. Sie müssen bei Gebäuden der Gebäudeklassen 4 und 5 schwer entflammbar sein und dürfen nicht brennend abfallen oder abtropfen; Unterkonstruktionen aus normalentflammbaren Baustoffen sind zulässig, wenn die Anforderungen nach Satz 1 erfüllt sind. Für Doppelfassaden sind bei Gebäuden der Gebäudeklassen 3 bis 5 gegen die Brandausbreitung besondere Vorkehrungen zu treffen; dies gilt für hinterlüftete Bekleidungen bei Gebäuden der Gebäudeklassen 4 und 5 entsprechend. Die Begrenzung der Brandausbreitung im Sinne von Satz 1 ist auch beim Anbringen von Anlagen zur Nutzung solarer Strahlungsenergie zu berücksichtigen. § 30 Abs. 7 Satz 1 bis 3 bleibt unberührt.

§ 29
Trennwände

(1) Trennwände sind als raumabschließende Bauteile zur Verhinderung der Brandausbreitung innerhalb von Geschossen herzustellen

1.

   zwischen Wohnungen sowie zwischen Wohnungen und fremden Räumen,

2.

   zwischen sonstigen Nutzungseinheiten.

(2) Die Trennwände müssen in Gebäuden der

1.

   Gebäudeklasse 5 feuerbeständig,

2.

   Gebäudeklasse 4 hochfeuerhemmend,

   jeweils im obersten Geschoss im Dachraum feuerhemmend,

3.

   Gebäudeklassen 2 und 3 feuerhemmend

sein.

(3) Die Trennwände sind bis zur Rohdecke oder bis unter die Dachhaut zu führen. Öffnungen sind zulässig, wenn sie für die Benutzung des Gebäudes erforderlich sind. Sie sind mit mindestens feuerhemmenden, rauchdichten und

selbst schließenden Abschlüssen zu versehen.

§ 30
Brandwände

(1) Brandwände müssen als raumabschließende Bauteile feuerbeständig sein und aus nicht brennbaren Baustoffen bestehen; sie müssen so beschaffen sein, dass sie bei einem Brand ihre Standsicherheit auch unter zusätzlicher mechanischer Beanspruchung nicht verlieren und die Brandausbreitung auf andere Gebäude oder Gebäudeabschnitte verhindern.

(2) Brandwände sind herzustellen

1.
zum Abschluss von Gebäuden, soweit die Abschlusswand in einem Abstand bis zu 2,50 m von der Nachbargrenze errichtet wird, es sei denn, dass ein Abstand von 5 m zu auf dem Nachbargrundstück bestehenden oder nach baurechtlichen Vorschriften zulässigen Gebäuden öffentlich-rechtlich gesichert ist; dies gilt nicht für Gebäude ohne Aufenthaltsräume, Toiletten oder Feuerstätten bis zu 50 m³ umbauten Raums,

2.
zum Abschluss von aneinander gereihten Gebäuden auf demselben Grundstück in Abständen von höchstens 60 m, bei Gebäuden, deren tragende Bauteile in den wesentlichen Teilen aus brennbaren Baustoffen bestehen, in Abständen von höchstens 40 m,

3.
innerhalb ausgedehnter Gebäude in Abständen von höchstens 60 m; größere Abstände können zugelassen werden, wenn es die Benutzung des Gebäudes erfordert und der Brandschutz auf andere Weise gewährleistet ist; bei Gebäudetiefen von mehr als 40 m können besondere Anforderungen gestellt werden,

4.
zwischen Wohngebäuden und angebauten landwirtschaftlichen Betriebsgebäuden auf demselben Grundstück sowie zwischen dem Wohnteil oder Wohn- und Schlafräumen und dem landwirtschaftlichen Betriebsteil eines Gebäudes.

Gemeinsame Brandwände sind zulässig. Satz 1 gilt nicht für Außenwände und sonstige Abschlüsse von untergeordneten Vorbauten, wenn sie nicht mehr als 1,50 m vor die Flucht der vorderen oder hinteren Außenwand des Nachbargebäudes vortreten und vom Nachbargebäude oder von der Grundstücksgrenze einen ihrer Ausladung entsprechenden Abstand, mindestens aber einen Abstand von 1 m, einhalten.

(3) Anstelle von Brandwänden sind raumabschließende Wände zulässig, die

1.

    in den Fällen des Absatzes 2 Satz 1 Nr. 1 und 2 bei Gebäuden der Gebäudeklassen 2 und 3 und in den Fällen des Absatzes 2 Satz 1 Nr. 3 bei Gebäuden der Gebäudeklasse 3 hochfeuerhemmend sind,

2.

    in den Fällen des Absatzes 2 Satz 1 Nr. 1 und 3 bei Gebäuden der Gebäudeklasse 4 auch unter zusätzlicher mechanischer Beanspruchung hochfeuerhemmend sind,

3.

    in den Fällen des Absatzes 2 Satz 1 Nr. 4 feuerbeständig sind, wenn der umbaute Raum des Betriebsgebäudes oder des Betriebsteils nicht mehr als 2 000 m^3 beträgt.

Abweichend von Satz 1 Nr. 1 genügen in den Fällen des Absatzes 2 Satz 1 Nr. 1 bei Gebäuden der Gebäudeklassen 2 und 3, deren tragende Bauteile aus brennbaren Baustoffen hergestellt sind, jeweils raumabschließende Wände aus brennbaren Baustoffen, deren Feuerwiderstand von innen nach außen dem feuerhemmender Wände und von außen nach innen dem feuerbeständiger Wände entspricht, mit einer gegen Brandeinwirkung widerstandsfähigen Bekleidung aus nicht brennbaren Baustoffen. Die Absätze 5 bis 9 gelten entsprechend.

(4) Brandwände und Wände, die anstelle von Brandwänden zulässig sind, müssen in einer Ebene durchgehend sein. Eine geschossweise versetzte Anordnung von Wänden zur Unterteilung eines Gebäudes anstelle von Brandwänden ist zulässig, wenn

1.

    die Nutzung des Gebäudes dies erfordert,

2.

    die Wände in der Bauart von Brandwänden hergestellt sind,

3.

    die Decken, soweit sie in Verbindung mit diesen Wänden stehen, feuerbeständig sind, aus nicht brennbaren Baustoffen bestehen und keine Öffnungen haben,

4.

die Bauteile, die diese Wände und Decken unterstützen, feuerbeständig sind und aus nicht brennbaren Baustoffen bestehen,

5.

die Außenwände innerhalb des Gebäudeabschnitts, in dem diese Wände angeordnet sind, in allen Geschossen feuerbeständig sind und

6.

Öffnungen in den Außenwänden so angeordnet sind oder andere Vorkehrungen so getroffen sind, dass eine Brandübertragung in andere Brandabschnitte nicht möglich ist.

Die Absätze 5 bis 9 gelten entsprechend.

(5) Müssen auf einem Grundstück Gebäude oder Gebäudeteile, die über Eck zusammenstoßen, durch eine Brandwand getrennt werden, so muss der Abstand der Brandwand von der inneren Ecke 5 m betragen, wenn nicht durch andere bauliche Vorkehrungen ein Feuerüberschlagsweg von 5 m gewährleistet ist. Dies gilt nicht, wenn die Gebäude oder Gebäudeteile in einem Winkel von mehr als 120° über Eck zusammenstoßen.

(6) Bei Gebäuden der Gebäudeklassen 1 bis 3 ist die Brandwand bis unmittelbar unter die Dachhaut zu führen. Bei Gebäuden der Gebäudeklassen 4 und 5 ist die Brandwand 0,30 m über Dach zu führen oder in Höhe der Dachhaut mit einer beiderseits 0,50 m auskragenden feuerbeständigen Platte aus nicht brennbaren Baustoffen abzuschließen; brennbare Teile des Daches dürfen nicht darüber hinweggeführt werden.

(7) Bauteile mit brennbaren Baustoffen dürfen Brandwände nicht überbrücken. Dies gilt auch für Anlagen und Leitungen mit brennbaren Materialien auf Dächern und an Außenwänden; sie müssen so angeordnet und beschaffen sein, dass ein Brand nicht auf andere Brandabschnitte, Gebäude oder Gebäudeteile übertragen werden kann. Außenbekleidungen von Gebäudeabschlusswänden nach Absatz 2 Satz 1 Nr. 1 müssen einschließlich der Dämmstoffe und Unterkonstruktionen aus nicht brennbaren Baustoffen bestehen. Bauteile dürfen in Brandwände nur so weit eingreifen, dass der verbleibende Wandquerschnitt feuerbeständig bleibt. Für Leitungen, Leitungsschlitze und Schornsteine gilt Satz 4 entsprechend.

(8) Öffnungen in Brandwänden sind unzulässig. In Brandwänden innerhalb ausgedehnter Gebäude sind Öffnungen zulässig, wenn es die Nutzung des Gebäudes erfordert. Die Öffnungen müssen mit feuerbeständigen, selbstschließenden Abschlüssen versehen werden; Abweichungen können zugelassen werden, wenn der Brandschutz gewährleistet ist.

(9) In Brandwänden können Teilflächen aus lichtdurchlässigen, nicht brennbaren Baustoffen zugelassen werden, wenn diese Einbauten feuerbeständig sind.

§ 31
Decken

(1) Decken müssen als tragende und raumabschließende Bauteile zwischen Geschossen im Brandfall ausreichend lang standsicher und widerstandsfähig gegen die Brandausbreitung sein; dies gilt auch für ihre Unterstützungen, für den Raumabschluss nur soweit erforderlich. Sie sind bei Gebäuden der

1.
   Gebäudeklasse 5 sowie zwischen dem landwirtschaftlichen Betriebsteil und dem Wohnteil eines Gebäudes feuerbeständig,

2.
   Gebäudeklasse 4 in Kellergeschossen feuerbeständig, im Übrigen hochfeuerhemmend,

3.
   Gebäudeklasse 3 in Kellergeschossen feuerbeständig, im Übrigen feuerhemmend,

4.
   Gebäudeklasse 2 feuerhemmend

herzustellen; dies gilt, unbeschadet des § 45 Abs. 5, nicht für Geschosse im Dachraum, über denen sich keine Aufenthaltsräume befinden, sowie für Balkone.

(2) Absatz 1 gilt nicht für Decken von landwirtschaftlichen Betriebsgebäuden, außer Ställen, mit nicht mehr als zwei Geschossen über der Geländeoberfläche. Für Decken von Gebäuden mit nicht mehr als einem Geschoss über der Geländeoberfläche können Abweichungen von Absatz 1 zugelassen werden, wenn der Brandschutz gewährleistet ist.

(3) Öffnungen in Decken, für die eine feuerhemmende, hochfeuerhemmende oder feuerbeständige Bauart vorgeschrieben ist, sind unzulässig

1.
   bei Gebäuden der Gebäudeklassen 3 bis 5,

2.
   bei Gebäuden der Gebäudeklasse 2 in Kellergeschossen sowie im untersten Geschoss mit einer dritten Wohnung;

dies gilt nicht für Decken innerhalb von Wohnungen. Im Übrigen können, außer in der Decke über einer dritten Wohnung im untersten Geschoss von Gebäuden der Gebäudeklasse 2, Öffnungen zugelassen werden, wenn es die Nutzung des Gebäudes erfordert. Sie müssen entsprechend der Bauart der Decken mit feuerhemmenden oder feuerbeständigen Abschlüssen versehen werden; dies gilt nicht für den Abschluss von Öffnungen bei einschiebbaren Treppen oder Leitern nach § 33 Abs. 2 Satz 4 in Gebäuden der Gebäudeklasse 2; Abweichungen können zugelassen werden, wenn der Brandschutz gewährleistet ist.

§ 32
Dächer

(1) Die Bedachung muss gegen eine Brandbeanspruchung von außen durch Flugfeuer und strahlende Wärme widerstandsfähig sein (harte Bedachung).

(2) Bedachungen, die die Anforderungen nach Absatz 1 nicht erfüllen, sind zulässig bei Gebäuden der Gebäudeklassen 1 bis 3, wenn die Gebäude

1.

einen Abstand von der Grundstücksgrenze von 12 m, bei Gebäuden der Gebäudeklassen 1 und 2 von 6 m,

2.

von Gebäuden auf demselben Grundstück mit harter Bedachung einen Abstand von 15 m, bei Gebäuden der Gebäudeklassen 1 und 2 von 9 m,

3.

von Gebäuden auf demselben Grundstück mit Bedachungen, die die Anforderungen nach Absatz 1 nicht erfüllen, einen Abstand von 24 m, bei Gebäuden der Gebäudeklassen 1 und 2 von 12 m,

4.

von kleinen, nur Nebenzwecken dienenden Gebäuden ohne Feuerstätten auf demselben Grundstück einen Abstand von 5 m

einhalten, soweit wegen des Brandverhaltens der Bedachung oder aufgrund von Vorkehrungen nicht geringere Abstände zugelassen werden. In den Fällen des Satzes 1 Nr. 1 werden angrenzende öffentliche Verkehrs-, Grün- und Wasserflächen zur Hälfte eingerechnet.

(3) Die Absätze 1 und 2 gelten nicht für

1.

lichtdurchlässige Bedachungen aus nicht brennbaren Baustoffen,

2.

Dachflächenfenster, Oberlichter und Lichtkuppeln,

3. Eingangsüberdachungen und Vordächer aus nicht brennbaren Baustoffen,

4. Eingangsüberdachungen aus brennbaren Baustoffen, wenn die Eingänge nur zu Wohnungen führen,

5. Gebäude ohne Aufenthaltsräume, Toiletten oder Feuerstätten bis zu 50 m^3 umbauten Raums.

(4) Abweichend von den Absätzen 1 und 2 sind lichtdurchlässige Teilflächen aus brennbaren Baustoffen in Bedachungen nach Absatz 1 und begrünte Bedachungen zulässig, wenn eine Brandentstehung bei einer Brandbeanspruchung von außen durch Flugfeuer und strahlende Wärme nicht zu befürchten ist oder Vorkehrungen hiergegen getroffen werden.

(5) Bei aneinander gebauten giebelständigen Gebäuden ist das Dach, waagrecht gemessen, mindestens 2 m von der Gebäudetrennwand oder der Grenze zu einem Nachbargrundstück entfernt von innen nach außen feuerhemmend und ohne Öffnungen herzustellen.

(6) Die Dächer von Anbauten, die an Wände mit Öffnungen oder an Wände, die nicht mindestens feuerhemmend sind, anschließen, sind innerhalb eines Abstands von 5 m von diesen Wänden so widerstandsfähig gegen Feuer herzustellen wie die Decken des anschließenden Gebäudes. Dies gilt nicht für Anbauten an Wohngebäude der Gebäudeklassen 2 und 3.

(7) Dachvorsprünge, Dachgesimse, Dachaufbauten, lichtdurchlässige Bedachungen und Lichtkuppeln sowie Anlagen zur Nutzung solarer Strahlungsenergie auf Dachflächen sind so anzuordnen und herzustellen, dass ein Brand nicht auf andere Gebäude oder Gebäudeteile übertragen werden kann. Von Brandwänden oder von Wänden, die anstelle von Brandwänden zulässig sind, müssen 1,25 m entfernt sein

1. Öffnungen wie Dachflächenfenster, Oberlichter und Lichtkuppeln in der Dachfläche, wenn die Brandwände oder Gebäudetrennwände nicht mindestens 0,30 m über Dach geführt sind,

2. Dachgauben und ähnliche Dachaufbauten aus brennbaren Baustoffen, wenn sie nicht durch Wände nach Nummer 1 gegen Brandübertragung

geschützt sind,

3.
aufgeständerte Anlagen zur Nutzung solarer Strahlungsenergie bei Gebäuden der Gebäudeklassen 3 bis 5, wenn sie nicht durch Wände nach Nummer 1 oder sonst geeignete Vorkehrungen gegen Brandübertragung geschützt sind; § 30 Abs. 7 Satz 2 bleibt unberührt.

(8) Dächer an Verkehrsflächen und über Eingängen müssen Vorrichtungen zum Schutz gegen das Herabfallen von Schnee und Eis haben, wenn es die Verkehrssicherheit erfordert.

(9) Für Arbeiten auf dem Dach sind sicher benutzbare Vorrichtungen anzubringen.

Vierter Abschnitt
Treppen, Flure, Aufzüge und Öffnungen

§ 33
Treppen

(1) Jedes nicht zu ebener Erde liegende Geschoss eines Gebäudes muss über mindestens eine Treppe zugänglich sein (notwendige Treppe); weitere Treppen können verlangt werden, wenn dies zur Rettung von Menschen im Brandfall erforderlich ist.

(2) Notwendige Treppen müssen so angeordnet und ausgebildet sein, dass sie für den größten zu erwartenden Verkehr ausreichen und leicht und gefahrlos als Rettungsweg benutzt werden können. Statt notwendiger Treppen sind Rampen mit flacher Neigung zulässig. Einschiebbare Treppen und Rolltreppen sind als notwendige Treppen unzulässig. Einschiebbare Treppen und Leitern sind bei Gebäuden der Gebäudeklassen 2 und 3 als Zugang zu einem Dachraum ohne Aufenthaltsräume zulässig; sie können als Zugang zu sonstigen Räumen, die keine Aufenthaltsräume sind, zugelassen werden, wenn der Brandschutz gewährleistet ist.

(3) In Gebäuden der Gebäudeklassen 3 bis 5 sind die notwendigen Treppen in einem Zuge zu allen angeschlossenen Geschossen zu führen; sie müssen mit den Treppen zum Dachraum unmittelbar verbunden sein. Satz 1 gilt nicht für Treppen in Wohnungen.

(4) Die tragenden Teile notwendiger Treppen sind bei Gebäuden der Gebäudeklasse 5 feuerhemmend aus nicht brennbaren Baustoffen, bei Gebäuden der Gebäudeklasse 4 aus nicht brennbaren Baustoffen, in der Gebäudeklasse 3 aus nicht brennbaren Baustoffen oder feuerhemmend herzustellen; dies gilt nicht für Treppen in Wohnungen. Für tragende Teile von notwendigen Außentreppen genügen nicht brennbare Baustoffe.

(5) Die nutzbare Breite notwendiger Treppen und ihrer Absätze muss 1 m betragen. In Gebäuden der Gebäudeklasse 2 und innerhalb von Wohnungen genügt eine Breite von 0,80 m. Treppen mit geringer Benutzung können eine

geringere Breite haben.

(6) Zwischen einer Treppe und einer in ihrer Richtung aufschlagenden Tür muss ein Treppenabsatz angeordnet werden, dessen Tiefe der Breite der Tür entspricht.

(7) Treppen müssen mindestens einen festen und griffsicheren Handlauf haben. Bei besonders breiten Treppen können Handläufe auf beiden Seiten und Zwischenhandläufe gefordert werden.

(8) An den freien Seiten der Treppen und Treppenabsätze sind verkehrssichere Geländer anzubringen; sie müssen 0,90 m, bei mehr als 12 m Absturzhöhe 1,10 m hoch sein. Fenster, die unmittelbar an Treppen liegen und deren Brüstungen unter der erforderlichen Geländerhöhe liegen, sind zu sichern.

(9) Auf Handläufe und Geländer kann verzichtet werden, wenn die Verkehrssicherheit gewährleistet ist.

§ 34
Treppenräume und Ausgänge

(1) Jede notwendige Treppe im Innern von Gebäuden der Gebäudeklassen 3 bis 5 muss zur Sicherstellung der Rettungswege aus den Geschossen ins Freie in einem eigenen, durchgehenden Treppenraum liegen (notwendiger Treppenraum). Notwendige Treppenräume müssen so angeordnet und ausgebildet sein, dass die Nutzung der notwendigen Treppen im Brandfall ausreichend lang möglich ist. Notwendige Treppen sind ohne eigenen Treppenraum zulässig

1.
   in Gebäuden der Gebäudeklassen 1 und 2,

2.
   für die innere Verbindung von höchstens zwei Geschossen derselben Wohnung oder derselben Nutzungseinheit mit einer Nutzfläche von insgesamt nicht mehr als 200 m², wenn die Rettung von Menschen aus den über diese Treppen zugänglichen Räumen noch auf andere Weise gewährleistet ist,

3.
   als Außentreppe, wenn ihre Nutzung ausreichend sicher ist und im Brandfall nicht gefährdet werden kann.

(2) Von jeder Stelle eines Aufenthaltsraums sowie eines Kellergeschosses muss mindestens ein notwendiger Treppenraum oder ein Ausgang ins Freie in höchstens 35 m Entfernung erreichbar sein. Sind mehrere notwendige Treppenräume erforderlich, so sind sie so zu verteilen, dass die Rettungswege möglichst kurz sind.

(3) Jeder notwendige Treppenraum muss auf möglichst kurzem Weg einen sicheren Ausgang ins Freie haben. Sofern der Ausgang eines notwendigen Treppenraums nicht unmittelbar ins Freie führt, muss der Raum zwischen dem notwendigen Treppenraum und dem Ausgang ins Freie

1.
   mindestens so breit sein wie die zugehörigen notwendigen Treppen,

2.
   Wände haben, die die Anforderungen an die Wände des notwendigen Treppenraums erfüllen,

3.
   rauchdichte und selbstschließende Türen zu notwendigen Fluren haben und

4.
   ohne Öffnungen zu anderen Räumen, ausgenommen zu notwendigen Fluren, sein.

Abweichungen von Satz 2 Nr. 2 und 4 können zugelassen werden, wenn der Brandschutz gewährleistet ist.

(4) Übereinander liegende Kellergeschosse müssen jeweils mindestens zwei getrennte Ausgänge haben. Von je zwei Ausgängen jedes Kellergeschosses muss einer unmittelbar oder durch einen eigenen, an einer Außenwand angeordneten notwendigen Treppenraum ins Freie führen. Auf eigene Treppenräume für jedes Kellergeschoss kann verzichtet werden, wenn der Brandschutz gewährleistet ist.

(5) In Gebäuden der Gebäudeklassen 4 und 5 müssen in Geschossen mit mehr als vier Wohnungen oder Nutzungseinheiten vergleichbarer Größe vor Treppenräumen notwendige Flure angeordnet werden.

(6) Die Wände notwendiger Treppenräume sind als raumabschließende Bauteile in Gebäuden der Gebäudeklasse 5 in der Bauart von Brandwänden, in Gebäuden der Gebäudeklasse 4 in Kellergeschossen feuerbeständig, im Übrigen auch unter zusätzlicher mechanischer Beanspruchung hochfeuerhemmend, und in Gebäuden der Gebäudeklasse 3 in Kellergeschossen feuerbeständig, im Übrigen hochfeuerhemmend herzustellen; bei Geschossen über der Geländeoberfläche in Gebäuden der Gebäudeklasse 3 mit tragenden Bauteilen aus brennbaren Baustoffen genügen auch Wände, die eine gegen Brandeinwirkung widerstandsfähige Bekleidung aus nicht brennbaren Baustoffen haben und deren Feuerwiderstandsfähigkeit dem feuerbeständiger Wände entspricht. Satz 1 gilt nicht für nicht tragende Außenwände notwendiger Treppenräume, wenn sie aus nicht brennbaren

Baustoffen bestehen und durch Öffnungen in anschließenden Außenwänden im Brandfall nicht gefährdet werden können.

(7) In notwendigen Treppenräumen und in Räumen nach Absatz 3 Satz 2 müssen

1.

Bekleidungen, Putze, Dämmstoffe, Unterdecken und Einbauten aus nicht brennbaren Baustoffen,

2.

Bodenbeläge, ausgenommen Gleitschutzprofile, aus mindestens schwer entflammbaren Baustoffen

bestehen. Leitungsanlagen sind nur zulässig, wenn der Brandschutz gewährleistet ist.

(8) Für den oberen Abschluss von notwendigen Treppenräumen gilt § 31 Abs. 1 Satz 2 Halbsatz 1 entsprechend, sofern nicht das Dach den Abschluss bildet. Der notwendige Treppenraum kann mit einem Glasdach überdeckt werden.

(9) In notwendigen Treppenräumen müssen, unbeschadet des Absatzes 11 Satz 4, Öffnungen zu

1.

Kellergeschossen, nicht ausgebauten Dachräumen, Werkstätten, Läden, Gaststätten, Lagerräumen und ähnlichen Räumen sowie Nutzungseinheiten mit einer Nutzfläche von mehr als 200 m² mindestens feuerhemmende, rauchdichte und selbstschließende Türen,

2.

notwendigen Fluren rauchdichte und selbstschließende Türen,

3.

Wohnungen, sonstigen Nutzungseinheiten vergleichbarer Größe sowie sonstigen Räumen mindestens dicht- und selbstschließende Türen

haben. Die Türen nach Satz 1 Nr. 1 und 2 dürfen lichtdurchlässige Seitenteile und Oberlichter haben, wenn der jeweilige Abschluss insgesamt nicht breiter als 2,5 m ist und die brandschutztechnischen Anforderungen nach Satz 1 Nr. 1 und 2 erfüllt.

(10) Notwendige Treppenräume müssen zu beleuchten sein. Notwendige Treppenräume ohne Fenster müssen in Gebäuden der Gebäudeklasse 5 eine Sicherheitsbeleuchtung haben.

(11) Notwendige Treppenräume müssen belüftet und zur Unterstützung

wirksamer Löscharbeiten entraucht werden können. Sie müssen mindestens

1.

in jedem oberirdischen Geschoss unmittelbar ins Freie führende Fenster mit einem freien Querschnitt von mindestens 0,50 m^2 haben, die leicht geöffnet werden können und auch für den obersten Zugangsbereich eine Rauchableitung ermöglichen, oder

2.

an der höchsten Stelle eine Öffnung zur Rauchableitung haben.

In Gebäuden der Gebäudeklasse 5 ist in den Fällen des Satzes 2 Nr. 1 an der höchsten Stelle des Treppenraumes anstelle des Fensters im obersten Geschoss eine Öffnung zur Rauchableitung erforderlich. In den Fällen des Satzes 2 Nr. 2 müssen in den Treppenräumen von Gebäuden der Gebäudeklassen 4 und 5 Öffnungen zu Wohnungen, sonstigen Nutzungseinheiten und Räumen feuerhemmende, rauchdichte und selbstschließende Türen haben. Öffnungen zur Rauchableitung nach den Sätzen 2 und 3 müssen in jedem Treppenraum einen freien Querschnitt von mindestens 1 m^2 und Vorrichtungen zum Öffnen ihrer Abschlüsse haben, die vom Erdgeschoss und vom obersten Treppenabsatz aus bedient werden können. Es kann verlangt werden, dass die Öffnungen zur Rauchableitung auch von anderen Stellen aus bedient werden können. Abweichungen können zugelassen werden, wenn der Rauch auf andere Weise abgeführt werden kann, eine Brandausbreitung in den Treppenraum nicht zu befürchten ist oder Vorkehrungen hiergegen getroffen sind.

§ 35
Notwendige Flure und Gänge

(1) Flure, über die Rettungswege von Aufenthaltsräumen oder aus Nutzungseinheiten mit Aufenthaltsräumen zu notwendigen Treppenräumen oder zu Ausgängen ins Freie führen (notwendige Flure), müssen so angeordnet und ausgebildet sein, dass die Nutzung im Brandfall ausreichend lang möglich ist. Als notwendige Flure gelten nicht

1.

Flure innerhalb von Wohnungen oder sonstigen Nutzungseinheiten vergleichbarer Größe,

2.

Flure in Gebäuden der Gebäudeklassen 1 und 2,

3.

Flure innerhalb von Nutzungseinheiten, die einer Büro- oder

Verwaltungsnutzung dienen und deren Nutzfläche in einem Geschoss nicht mehr als 400 m² beträgt.

(2) Die benutzbare Breite notwendiger Flure muss für den größten zu erwartenden Verkehr ausreichen. Notwendige Flure von mehr als 30 m Länge sollen durch nicht abschließbare, rauchdichte und selbstschließende Türen in Rauchabschnitte unterteilt werden. Stufen in Fluren sind nur als Folge von mindestens drei Stufen zulässig.

(3) Wände notwendiger Flure sind als raumabschließende Bauteile in Gebäuden der

1.

Gebäudeklassen 4 und 5 feuerhemmend und in den wesentlichen Teilen aus nicht brennbaren Baustoffen oder feuerhemmend und mit einer gegen Brandeinwirkung widerstandsfähigen Bekleidung aus nicht brennbaren Baustoffen,

2.

Gebäudeklasse 3 feuerhemmend

herzustellen. Die Wände sind bis an die Rohdecke oder bis an einen oberen Raumabschluss zu führen, der hinsichtlich Feuerwiderstand und Bauart den Wänden entspricht; Türen in diesen Wänden müssen dicht schließend sein.

(4) Offene Gänge vor den Außenwänden, die die einzige Verbindung zwischen Aufenthaltsräumen und Treppenräumen bilden, müssen in ihren tragenden Teilen den Anforderungen an tragende und aussteifende Wände sowie an Decken entsprechen. Im Übrigen gilt für Wände und Brüstungen Absatz 3 entsprechend.

(5) Bekleidungen einschließlich Unterdecken und Dämmstoffe müssen in notwendigen Fluren und offenen Gängen aus nicht brennbaren Baustoffen bestehen; entsprechende Bekleidungen sind auch erforderlich, wenn Wände und Decken in diesen Fluren und Gängen aus brennbaren Baustoffen bestehen. Leitungsanlagen sind nur zulässig, wenn der Brandschutz gewährleistet ist.

§ 36
Aufzüge

(1) Aufzüge im Innern von Gebäuden müssen eigene Schächte haben, um eine Brandausbreitung in andere Geschosse ausreichend lange zu verhindern. In einem Aufzugsschacht dürfen bis zu drei Aufzüge liegen. In Gebäuden mit nicht mehr als fünf Geschossen über der Geländeoberfläche dürfen Aufzüge ohne eigene Schächte innerhalb der Umfassungswände des Treppenraums liegen. Aufzüge außerhalb von Gebäuden, innerhalb von Räumen, über die Geschosse oder Ebenen erschlossen werden, und innerhalb von Wohnungen sowie innerhalb sonstiger Nutzungseinheiten vergleichbarer Größe, sind ohne eigene Schächte zulässig. Die Aufzüge müssen sicher umkleidet sein.

(2) Die Fahrschächte von Aufzügen im Innern von Gebäuden müssen raumabschließende Wände haben, die den Wänden notwendiger Treppenräume nach § 34 Abs. 6 Satz 1 entsprechen, mindestens jedoch Wände gemäß § 35 Abs. 3 Satz 1 Nr. 1 haben. Verkleidungen der Innenseiten müssen aus nicht brennbaren Baustoffen bestehen. Für die Decken der Fahrschächte gilt § 31 Abs. 1 entsprechend. Fahrschachttüren und andere Öffnungen in Fahrschachtwänden sind so herzustellen, dass Feuer und Rauch nicht in andere Geschosse übertragen werden können.

(3) Die Fahrschächte dürfen nur für Aufzugseinrichtungen benutzt werden. Sie müssen zu lüften und mit Rauchabzugsöffnungen mit einem freien Querschnitt von 2,5 v. H. der Grundfläche des Fahrschachts, mindestens von 0,10 m² versehen sein. Diese Öffnungen dürfen Abschlüsse haben, die im Brandfall selbsttätig öffnen und von mindestens einer geeigneten Stelle aus bedient werden können.

(4) In Gebäuden mit mehr als vier Geschossen über der Geländeoberfläche müssen Aufzüge in ausreichender Zahl eingebaut und betrieben werden; hierbei zählt das oberste Geschoss nicht, wenn seine Nutzung einen Aufzug nicht erfordert. Mindestens einer der Aufzüge muss auch zur Aufnahme von Rollstühlen, Krankentragen und Lasten geeignet und barrierefrei nutzbar sein; dieser Aufzug soll von den Wohnungen und Nutzungseinheiten im Gebäude und von der öffentlichen Verkehrsfläche aus stufenlos zu erreichen sein. Fahrkörbe zur Aufnahme einer Krankentrage müssen eine nutzbare Grundfläche von 1,10 m x 2,10 m zur Aufnahme eines Rollstuhls von 1,10 m x 1,40 m haben; Türen müssen eine lichte Durchgangsbreite von 0,90 m haben. Vor den Aufzügen muss eine ausreichende Bewegungsfläche vorhanden sein. Satz 1 gilt nicht beim nachträglichen Ausbau von Geschossen im Dachraum bestehender Gebäude.

(5) Der Maschinenraum muss von benachbarten Räumen feuerbeständig abgetrennt sein; seine Türen müssen feuerhemmend und rauchdicht sein.

§ 37
Fenster, Türen, Kellerlichtschächte

(1) Glastüren und andere Glasflächen, die bis zum Fußboden allgemein zugänglicher Verkehrsflächen herabreichen, sind so zu kennzeichnen, dass sie leicht erkannt werden können. Schutzmaßnahmen sind vorzusehen, wenn es die Verkehrssicherheit erfordert.

(2) Öffnungen in Fenstern, die als Rettungswege dienen, müssen im Lichten 0,90 m breit x 1,20 m hoch sein; ihre Brüstungshöhe darf 1,20 m nicht überschreiten. Liegen diese Öffnungen in Dachschrägen oder Dachaufbauten, müssen sie so angeordnet und beschaffen sein, dass Personen sich von diesen Öffnungen aus bemerkbar machen und über die Rettungsgeräte der Feuerwehr gerettet werden können.

(3) Gemeinsame Kellerlichtschächte für übereinander liegende Kellergeschosse sind unzulässig.

§ 38
Umwehrungen

(1) Zu umwehren sind

1. im Allgemeinen zum Begehen bestimmte Flächen in, an und auf baulichen Anlagen bei einer Absturzhöhe von mehr als 1 m; dies gilt nicht, wenn die Umwehrung dem Zweck der Flächen widerspricht,

2. zum Aufenthalt von Menschen bestimmte Dachflächen,

3. nicht sicher abgedeckte Öffnungen in Flächen nach den Nummern 1 und 2,

4. nicht begehbare Teile in Flächen nach den Nummern 1 und 2, wie Oberlichte und Glasabdeckungen, wenn sie weniger als 0,50 m aus diesen Flächen herausragen und nicht auf andere Weise gegen Betreten gesichert sind.

(2) Kellerlicht- und Betriebsschächte sind an Verkehrsflächen zu umwehren oder abzudecken, in Verkehrsflächen abzudecken; Abdeckungen an und in öffentlichen Verkehrsflächen müssen gegen unbefugtes Abheben gesichert sein.

(3) Umwehrungen von Öffnungen in begehbaren Decken und Dachflächen sowie von Flächen bis zu 12 m Absturzhöhe müssen 0,90 m, mit mehr als 12 m Absturzhöhe 1,10 m hoch sein.

(4) Fensterbrüstungen müssen bis zu 12 m Absturzhöhe 0,80 m, im Übrigen 0,90 m hoch sein. Geringere Brüstungshöhen sind zulässig, wenn durch andere Vorrichtungen, wie Geländer, die Mindesthöhen nach Absatz 3 eingehalten werden. Im Erdgeschoss sind geringere Brüstungshöhen zulässig, wenn es die Verkehrssicherheit erlaubt.

Fünfter Abschnitt
Feuerungs- und haustechnische Anlagen

§ 39
Feuerungs-, Wärme- und Brennstoffversorgungsanlagen

(1) Feuerstätten und Abgasanlagen, wie Schornsteine, Abgasleitungen und Verbindungsstücke, (Feuerungsanlagen), Anlagen zur Abführung von Verbrennungsgasen ortsfester Verbrennungsmotoren sowie Behälter und Rohrleitungen für brennbare Gase und Flüssigkeiten müssen betriebssicher und brandsicher sein und dürfen auch sonst nicht zu Gefahren oder unzumutbaren Belästigungen führen können. Die Weiterleitung von Schall in fremde Räume

muss ausreichend gedämmt sein. Abgasanlagen müssen leicht und sicher zu reinigen sein.

(2) Für die Anlagen zur Verteilung von Wärme und zur Warmwasserversorgung gilt Absatz 1 Satz 1 und 2 entsprechend.

(3) Feuerstätten, ortsfeste Verbrennungsmotoren und Verdichter sowie Behälter für brennbare Gase und Flüssigkeiten dürfen nur in Räumen aufgestellt werden, bei denen nach Lage, Größe, baulicher Beschaffenheit und Benutzungsart keine Gefahren entstehen.

(4) Die Abgase der Feuerstätten sind durch Abgasanlagen, die Verbrennungsgase ortsfester Verbrennungsmotoren durch Anlagen zur Abführung dieser Gase über Dach abzuleiten. Abgasanlagen sind in solcher Zahl und Lage und so herzustellen, dass die Feuerstätten des Gebäudes ordnungsgemäß angeschlossen werden können. Abweichungen von Satz 1 können zugelassen werden, wenn keine Gefahren oder unzumutbaren Belästigungen entstehen.

(5) Gasfeuerstätten dürfen in Räumen nur aufgestellt werden, wenn durch besondere Vorrichtungen an den Feuerstätten oder durch Lüftungsanlagen sichergestellt ist, dass gefährliche Ansammlungen von unverbranntem Gas in den Räumen nicht entstehen.

(6) Brennstoffe sind so zu lagern, dass keine Gefahren oder unzumutbaren Belästigungen entstehen.

§ 40
Lüftungsanlagen, Installationsschächte und -kanäle, Leitungsdurchführungen

(1) Lüftungsanlagen müssen betriebs- und brandsicher sein. Sie dürfen den ordnungsgemäßen Betrieb von Feuerungsanlagen nicht beeinträchtigen.

(2) Lüftungsleitungen sowie deren Bekleidungen und Dämmstoffe müssen aus nicht brennbaren Baustoffen bestehen; Abweichungen können zugelassen werden, wenn der Brandschutz gewährleistet ist. Sie dürfen Brandwände und Wände, die anstelle von Brandwänden zulässig sind, sowie raumabschließende Bauteile in Gebäuden der Gebäudeklassen 3 bis 5, die feuerwiderstandsfähig sein müssen, nur überbrücken, wenn eine Brandausbreitung ausreichend lange nicht zu befürchten ist oder wenn Vorkehrungen hiergegen getroffen sind; dies gilt nicht für Decken innerhalb von Wohnungen sowie innerhalb von Nutzungseinheiten mit einer Nutzfläche von nicht mehr als 200 m² in höchstens zwei Geschossen.

(3) Lüftungsanlagen sind so herzustellen, dass sie Gerüche und Staub nicht in andere Räume übertragen. Die Weiterleitung von Schall in fremde Räume muss gedämmt sein.

(4) Lüftungsleitungen dürfen nicht in Abgasanlagen eingeführt werden; die gemeinsame Benutzung von Lüftungsleitungen zur Ableitung der Abluft und der Abgase von Gasfeuerstätten ist zulässig, wenn die Betriebssicherheit und der Brandschutz gewährleistet sind. Die Abluft ist ins Freie zu führen. Nicht zu

Lüftungsanlagen gehörende Einrichtungen sind in Lüftungsleitungen unzulässig.

(5) Lüftungsschächte, die aus Mauersteinen oder aus Formstücken für Schornsteine hergestellt sind, müssen den Anforderungen an Schornsteine entsprechen und gekennzeichnet sein.

(6) Für raumlufttechnische Anlagen und Warmluftheizungen gelten die Absätze 1 bis 5 entsprechend.

(7) Für Installationsschächte und -kanäle gelten Absatz 2 und Absatz 3 Satz 2 entsprechend.

(8) Leitungen dürfen durch Brandwände, durch Wände, die anstelle von Brandwänden zulässig sind sowie durch raumabschließende Bauteile in Gebäuden der Gebäudeklassen 3 bis 5, die feuerwiderstandsfähig sein müssen, nur hindurchgeführt werden, wenn eine Übertragung von Feuer und Rauch nicht zu befürchten ist oder Vorkehrungen hiergegen getroffen sind; dies gilt nicht für Decken innerhalb von Wohnungen sowie innerhalb von Nutzungseinheiten mit einer Nutzfläche von nicht mehr als 200 m^2 in höchstens zwei Geschossen.

§ 41
Wasserversorgung und Abwasserbeseitigung

(1) Gebäude mit Aufenthaltsräumen müssen, soweit es ihre Benutzung erfordert, eine Versorgung mit Trinkwasser haben, die dauernd gesichert ist. Zur Brandbekämpfung muss eine ausreichende Wassermenge zur Verfügung stehen; Abweichungen können für Einzelgehöfte in der freien Feldflur zugelassen werden.

(2) Bauliche Anlagen dürfen nur errichtet werden, wenn die Beseitigung des Abwassers auf Dauer gesichert ist.

(3) Wasserversorgungs- und Abwasseranlagen sind so anzuordnen, herzustellen und instand zu halten, dass sie betriebssicher sind und keine Gefahren oder unzumutbaren Belästigungen entstehen.

(4) Bei gewerblich genutzten baulichen Anlagen mit hohem Trinkwasserverbrauch kann die Wiederverwendung des Brauchwassers verlangt werden.

§ 42
Kleinkläranlagen und Gruben

(1) Kleinkläranlagen und Gruben dürfen nicht unter Aufenthaltsräumen und nur in einem solchen Abstand von öffentlichen Verkehrsflächen, Gewässern, Wasserversorgungsanlagen, Nachbargrenzen sowie Fenstern und Türen von Aufenthaltsräumen angelegt werden, dass keine Gefahren oder unzumutbaren Belästigungen entstehen.

(2) Kleinkläranlagen und Gruben müssen ausreichend groß und wasserdicht sein. Sie müssen eine dichte und sichere Abdeckung sowie Reinigungs- und Entleerungsöffnungen haben; die Öffnungen dürfen nur vom Freien aus

zugänglich sein. Die Anlagen sind so zu entlüften, dass Gesundheitsschäden oder unzumutbare Belästigungen nicht entstehen. Die Zuleitungen und Ablaufleitungen müssen geschlossen, dicht und, soweit erforderlich, zum Reinigen eingerichtet sein; Gruben dürfen keinen Ablauf haben und müssen gegen Überlaufen gesichert sein. Niederschlagswasser darf nicht in Kleinkläranlagen und nicht in dieselbe Grube wie das übrige Abwasser geleitet werden.

Sechster Abschnitt
Aufenthaltsräume und Wohnungen

§ 43
Aufenthaltsräume

(1) Aufenthaltsräume müssen eine für ihre Benutzung ausreichende Grundfläche und eine lichte Höhe von 2,40 m haben.

(2) Aufenthaltsräume müssen unmittelbar ins Freie führende Fenster von solcher Zahl und Beschaffenheit haben, dass die Räume ausreichend mit Tageslicht beleuchtet und gelüftet werden können (notwendige Fenster). Das Rohbaumaß der Fensteröffnungen muss mindestens ein Zehntel der Grundfläche des Raums betragen; ein geringeres Maß kann zugelassen werden, wenn wegen der Lichtverhältnisse keine Bedenken bestehen. Bei Aufenthaltsräumen im Dachraum bleiben Raumteile mit einer lichten Höhe bis 1,50 m bei der Ermittlung der Grundfläche außer Betracht. Oberlichte anstelle von Fenstern können zugelassen werden, wenn die Gesundheit nicht beeinträchtigt wird.

(3) Verglaste Vorbauten und Loggien sind vor notwendigen Fenstern zulässig, wenn die Beleuchtung mit Tageslicht und die Lüftung gewährleistet sind.

(4) Aufenthaltsräume, deren Benutzung eine Beleuchtung mit Tageslicht und eine Lüftung nach Absatz 2 verbietet, sind ohne notwendige Fenster zulässig, wenn die damit verbundenen Nachteile durch geeignete Maßnahmen wie den Einbau von raumlufttechnischen Anlagen ausgeglichen werden. Für Aufenthaltsräume, die nicht dem Wohnen dienen, kann eine Ausführung nach Satz 1 zugelassen werden, wenn die Gesundheit nicht beeinträchtigt wird und der Brandschutz gewährleistet ist.

(5) Aufenthaltsräume dürfen von Räumen mit erhöhter Brandgefahr sowie von Ställen nicht unmittelbar zugänglich sein.

§ 44
Wohnungen

(1) Jede Wohnung muss von anderen Wohnungen und fremden Räumen baulich abgeschlossen sein und einen eigenen, abschließbaren Zugang unmittelbar vom Freien, von einem Treppenraum, einem Flur oder einem anderen Vorraum haben. Wohnungen in Wohngebäuden mit nicht mehr als zwei Wohnungen brauchen nicht abgeschlossen zu sein. Wohnungen in Gebäuden, die nicht nur dem Wohnen dienen, müssen einen besonderen Zugang haben; gemeinsame Zugänge sind zulässig, wenn Gefahren oder unzumutbare Belästigungen für die Benutzerinnen und Benutzer der

Wohnungen nicht entstehen.

(2) Wohnungen müssen durchlüftet werden können. Jede Wohnung mit mehreren Aufenthaltsräumen soll einen besonnten Wohn- oder Schlafraum haben.

(3) Jede Wohnung muss eine Küche oder Kochnische sowie einen Abstellraum haben. Fensterlose Küchen oder Kochnischen sind zulässig, wenn sie für sich lüftbar sind. Der Abstellraum soll 6 m² groß sein; davon soll eine Abstellfläche von 1 m² innerhalb der Wohnung liegen.

(4) Für Gebäude mit Wohnungen über dem zweiten Geschoss über der Geländeoberfläche sollen leicht erreichbare und stufenlos zugängliche Abstellräume für Kinderwagen, Fahrräder und Rollatoren hergestellt werden; § 51 Abs. 4 gilt entsprechend.

(5) Für Gebäude mit mehr als zwei Wohnungen sollen ausreichend große Trockenräume eingerichtet werden.

(6) Jede Wohnung in Gebäuden mit mehr als zwei Wohnungen soll einen eigenen Wasserzähler haben.

(7) In Wohnungen müssen Schlafräume und Kinderzimmer sowie Flure, über die Rettungswege von Aufenthaltsräumen führen, jeweils mindestens einen Rauchwarnmelder haben. Die Rauchwarnmelder müssen so eingebaut und betrieben werden, dass Brandrauch frühzeitig erkannt und gemeldet wird. Bestehende Wohnungen sind entsprechend auszustatten.

§ 45
Aufenthaltsräume und Wohnungen in Kellergeschossen und Dachräumen

(1) In Kellergeschossen sind Aufenthaltsräume und Wohnungen nur zulässig, wenn das Gelände vor Außenwänden mit notwendigen Fenstern in einer für die Beleuchtung mit Tageslicht ausreichenden Entfernung und Breite nicht mehr als 0,70 m über dem Fußboden der Aufenthaltsräume liegt; dies gilt auch für unterste Geschosse über der Geländeoberfläche.

(2) Aufenthaltsräume, deren Benutzung eine Beleuchtung mit Tageslicht verbietet, sind in Kellergeschossen unter den Voraussetzungen des § 43 Abs. 4 Satz 1 zulässig. Verkaufsräume, Gaststätten, ärztliche Behandlungsräume, Sport-, Spiel- und Werkräume sowie ähnliche Räume können in Kellergeschossen zugelassen werden; § 43 Abs. 4 Satz 1 gilt entsprechend.

(3) Räume nach Absatz 2 müssen unmittelbar mit Rettungswegen in Verbindung stehen, die ins Freie führen. Die Räume und Rettungswege müssen von anderen Räumen im Kellergeschoss durch raumabschließende feuerbeständige Wände abgetrennt sein; Türen in diesen Wänden müssen feuerhemmend sein. Dies gilt nicht bei Gebäuden der Gebäudeklassen 1 und 2.

(4) Aufenthaltsräume im Dachraum müssen eine lichte Raumhöhe von 2,20 m über der Hälfte ihrer Grundfläche haben; Raumteile mit einer lichten Höhe bis zu 1,50 m bleiben außer Betracht.

(5) Aufenthaltsräume und Wohnungen im Dachraum von Gebäuden der

Gebäudeklassen 2 bis 5 sind nur zulässig, wenn sie einschließlich ihrer Nebenräume

1.
> unmittelbar über Geschossen angeordnet werden, deren tragende Bauteile den §§ 27 und 31 entsprechen; liegen diese Geschosse im Dachraum, müssen ihre Dachschrägen von innen dem Feuerwiderstand dieser Bauteile entsprechen,

2.
> Trennwände nach § 29 und feuerhemmende Decken haben; dies gilt nicht für Decken von Geschossen, über denen Aufenthaltsräume nicht möglich sind.

Ihre Zugänge müssen durch Wände nach § 35 Abs. 3, feuerhemmende Türen und feuerhemmende Decken gegen den nicht ausgebauten Dachraum abgeschlossen sein.

§ 46
Bäder und Toilettenräume

(1) Jede Wohnung muss ein Bad mit Badewanne oder Dusche haben.

(2) Jede Wohnung und jede Nutzungseinheit mit Aufenthaltsräumen muss mindestens eine Toilette mit Wasserspülung haben. Toiletten ohne Wasserspülung können zugelassen werden, wenn öffentliche Belange nicht entgegenstehen, insbesondere Gesundheit und Hygiene gewährleistet sind. Toilettenräume für Wohnungen müssen innerhalb der Wohnung liegen.

(3) Gebäude, die für einen größeren Personenkreis bestimmt sind, müssen eine ausreichende Zahl von Toiletten in nach Geschlechtern getrennten Räumen haben; die Räume müssen je einen eigenen lüftbaren und beleuchtbaren Vorraum mit Waschbecken haben.

(4) Fensterlose Bäder und Toilettenräume sind nur zulässig, wenn eine wirksame Lüftung gewährleistet ist.

Siebter Abschnitt
Besondere Anlagen

§ 47
Stellplätze und Garagen

(1) Bauliche Anlagen sowie andere Anlagen, bei denen ein Zugangs- oder Abgangsverkehr zu erwarten ist, dürfen nur errichtet werden, wenn Stellplätze in ausreichender Zahl und Größe sowie in geeigneter Beschaffenheit hergestellt werden (notwendige Stellplätze). Ihre Zahl und Größe richtet sich nach Art und Zahl der vorhandenen und zu erwartenden Kraftfahrzeuge der Benutzerinnen und Benutzer sowie der Besucherinnen und Besucher der Anlagen; dabei ist die Möglichkeit der Inanspruchnahme öffentlicher Verkehrsmittel zu berücksichtigen. Statt der Stellplätze können Garagen hergestellt werden. Die

Herstellung von Garagen anstelle von Stellplätzen kann verlangt werden, wenn die in Absatz 7 genannten Erfordernisse dies gebieten. Es kann zugelassen werden, dass die notwendigen Stellplätze oder Garagen innerhalb einer angemessenen Frist nach Fertigstellung der Anlagen hergestellt werden. Abstellplätze für Fahrräder sind herzustellen, soweit ein Zugangs- und Abgangsverkehr mit Fahrrädern zu erwarten ist und Bedürfnisse des Verkehrs es erfordern; die Absätze 2, 3 und 9 gelten entsprechend.

(2) Werden bauliche Anlagen oder andere Anlagen, bei denen ein Zugangs- oder Abgangsverkehr zu erwarten ist, geändert oder ändert sich ihre Benutzung, so sind Stellplätze in solcher Zahl und Größe herzustellen, dass sie die infolge der Änderung zusätzlich zu erwartenden Kraftfahrzeuge aufnehmen können. Dies gilt nicht, wenn Wohnraum in Gebäuden, deren Fertigstellung mindestens zwei Jahre zurückliegt, durch Wohnungsteilung, Änderung der Nutzung, Aufstocken oder durch Ausbau des Dachgeschosses geschaffen wird und die Herstellung von Stellplätzen oder Garagen auf dem Grundstück nicht oder nur unter großen Schwierigkeiten möglich ist; Absatz 4 ist in diesen Fällen nicht anwendbar.

(3) Die Stellplätze oder Garagen sind auf dem Grundstück oder, sofern öffentlich-rechtlich gesichert, auf einem in zumutbarer Entfernung liegenden anderen Grundstück herzustellen. Die Bauaufsichtsbehörde kann, wenn Gründe des Verkehrs dies erfordern, im Einzelfall bestimmen, ob die Stellplätze oder Garagen auf dem zu bebauenden Grundstück oder einem anderen Grundstück herzustellen sind.

(4) Ist die Herstellung notwendiger Stellplätze oder Garagen nicht oder nur unter großen Schwierigkeiten möglich oder ist sie aufgrund einer Satzung nach § 88 Abs. 3 untersagt oder eingeschränkt, so kann die Bauherrin oder der Bauherr, wenn die Gemeinde zustimmt, die Verpflichtungen nach den Absätzen 1, 2 und 3 auch durch Zahlung eines Geldbetrags an die Gemeinde erfüllen. Der Geldbetrag darf 60 v. H. der durchschnittlichen Herstellungskosten der Parkeinrichtungen einschließlich der Kosten des Grunderwerbs nicht übersteigen. Die Höhe des Geldbetrags je Stellplatz oder Garage ist durch Satzung festzulegen.

(5) Der Geldbetrag nach Absatz 4 ist in jeweils angemessenem Verhältnis und angemessener Reihenfolge zu verwenden:

1.

zur Herstellung, Instandhaltung und Modernisierung von Parkeinrichtungen,

2.

für investive Maßnahmen zur Verbesserung des öffentlichen Personennahverkehrs oder des Fahrradverkehrs,

3.

für sonstige Maßnahmen, die den Bedarf an Parkeinrichtungen verringern.

(6) Stellplätze und Garagen müssen von den öffentlichen Verkehrsflächen aus sicher und auf möglichst kurzem Weg zu erreichen sein; es kann gefordert werden, dass Hinweise angebracht werden.

(7) Stellplätze und Garagen dürfen die Herstellung der Spielplätze für Kleinkinder (§ 11) nicht behindern. Durch ihre Benutzung darf die Gesundheit nicht geschädigt sowie das Wohnen und Arbeiten, die Ruhe und Erholung in der Umgebung nicht unzumutbar beeinträchtigt werden. Das Anpflanzen von Bäumen und Sträuchern kann verlangt werden.

(8) Stellplätze, Garagen und ihre Nebenanlagen müssen verkehrssicher sein und entsprechend der Art und Zahl der abzustellenden Kraftfahrzeuge sowie der Gefährlichkeit der Treibstoffe den Anforderungen des Brandschutzes genügen. Abfließende Treibstoffe und Schmierstoffe müssen unschädlich beseitigt werden können. Garagen und ihre Nebenanlagen müssen gelüftet werden können.

(9) Notwendige Stellplätze und Garagen dürfen ihrem Zweck nicht entfremdet werden.

§ 48
Ställe und Nebenanlagen

(1) Ställe müssen so angeordnet und beschaffen sein, dass die Gesundheit der Tiere nicht beeinträchtigt wird und für die Umgebung keine Gefahren oder unzumutbaren Belästigungen entstehen. Sie müssen eine für ihre Benutzung ausreichende Grundfläche und lichte Höhe haben und gelüftet werden können.

(2) Ins Freie führende Stalltüren dürfen nicht nach innen aufschlagen und müssen in solcher Zahl und Größe vorhanden sein, dass die Tiere bei Gefahr ohne Schwierigkeiten ins Freie gelangen können.

(3) Wände, Decken und Fußböden sind gegen schädliche Einflüsse der Stallluft, der Jauche und des Flüssigmists zu schützen. Dungstätten sollen von Öffnungen zu Aufenthaltsräumen 5 m, von Grundstücksgrenzen 2 m entfernt sein.

§ 49
Behelfsbauten und untergeordnete Gebäude

(1) Für bauliche Anlagen, die nur für eine begrenzte Zeit aufgestellt werden sollen (Behelfsbauten), können Erleichterungen von den §§ 27 bis 48 zugelassen werden, wenn keine Gründe nach § 3 Abs. 1 entgegenstehen.

(2) Absatz 1 gilt auch für freistehende andere Gebäude, die eingeschossig und nicht für einen Aufenthalt oder nur für einen vorübergehenden Aufenthalt bestimmt sind wie Lauben und Unterkunftshütten.

§ 50
Bauliche Anlagen und Räume besonderer Art oder Nutzung (Sonderbauten)

(1) Soweit die Bestimmungen der §§ 6 bis 48 zur Abwehr von Gefahren oder

unzumutbaren Belästigungen nicht ausreichen, können für bauliche Anlagen und Räume besonderer Art oder Nutzung im Einzelfall besondere Anforderungen gestellt werden. Erleichterungen können zugelassen werden, soweit es im Einzelfall der Einhaltung dieser Bestimmungen wegen der besonderen Art oder Nutzung der baulichen Anlagen und Räume oder wegen besonderer Anforderungen nach Satz 1 nicht bedarf. Anforderungen und Erleichterungen können sich insbesondere erstrecken auf die

1.
> Abstände von Grundstücksgrenzen, von anderen baulichen Anlagen auf dem Grundstück, von öffentlichen Verkehrsflächen, von Gewässern sowie auf die Größe der freizuhaltenden Flächen der Grundstücke,

2.
> Anordnung der baulichen Anlagen auf dem Grundstück,

3.
> Öffnungen zu öffentlichen Verkehrsflächen und zu angrenzenden Grundstücken,

4.
> Bauart und Anordnung aller für die Standsicherheit, Verkehrssicherheit, den Brandschutz, den Wärme- und Schallschutz oder Gesundheitsschutz wesentlichen Bauteile,

5.
> Brandschutzeinrichtungen und Brandschutzvorkehrungen sowie Auffangvorrichtungen für Löschwasser,

6.
> Feuerungsanlagen, Heizräume sowie Räume für die Aufstellung ortsfester Verbrennungsmotore und Verdichter,

7.
> Anordnung und Herstellung der Aufzüge sowie der Treppen, Ausgänge und sonstigen Rettungswege,

8.
> zulässige Zahl der Benutzerinnen und Benutzer, die Anordnung und Zahl der zulässigen Sitz- und Stehplätze bei Versammlungsstätten, Tribünen und Fliegenden Bauten,

9.

    Lüftung,

10.

    Beleuchtung und Energieversorgung,

11.

    Wasserversorgung,

12.

    Aufbewahrung und Beseitigung von Abwasser und Abfällen,

13.

    Stellplätze und Garagen,

14.

    Anlage der Zu- und Abfahrten,

einschließlich Maßgaben für bauleitende Personen nach § 56a. Als Nachweis dafür, dass die besonderen Anforderungen erfüllt sind, können Bescheinigungen und besondere Nachweise wie ein Brandschutzkonzept verlangt werden. Ferner kann gefordert werden, dass Prüfungen und deren Wiederholungen in festzulegenden Zeitabständen durch die Bauaufsichtsbehörde oder sachverständige Personen oder Stellen vorgenommen werden. Soweit notwendig, können auch Anforderungen an den Betrieb und die Nutzung der Anlagen und Räume gestellt werden einschließlich der Bestellung und der Qualifikation einer oder eines Brandschutzbeauftragten.

(2) Die Bestimmungen des Absatzes 1 gelten insbesondere für

1.

    Hochhäuser,

2.

    Verkaufsstätten,

3.

    Versammlungsstätten,

4.

5.

Büro- und Verwaltungsgebäude,

6.

Gaststätten, Beherbergungsbetriebe,

7.

Krankenhäuser und ähnliche Einrichtungen der Gesundheitspflege, bauliche Anlagen zum Zweck der Pflege oder Betreuung, Tages- und Begegnungsstätten sowie Wohnheime,

8.

Kindertagesstätten und sonstige Einrichtungen für Kinder und Jugendliche,

9.

Schulen und Sportstätten,

10.

bauliche Anlagen und Räume von großer Ausdehnung oder mit erhöhter Brand-, Explosions- oder Verkehrsgefahr,

11.

bauliche Anlagen und Räume, die für gewerbliche Betriebe bestimmt sind,

12.

bauliche Anlagen und Räume, deren Nutzung mit einem starken Abgang schädlicher Stoffe verbunden ist,

13.

Fliegende Bauten,

Camping- und Wochenendplätze.

§ 51
Barrierefreiheit

(1) - Gebäude mit mehr als zwei Wohnungen sind so herzustellen und instand zu halten, dass von den ersten drei Wohnungen eine und von jeweils acht

weiteren Wohnungen zusätzlich eine Wohnung barrierefrei und uneingeschränkt mit dem Rollstuhl nutzbar ist. Bei Gebäuden mit mehr als einer nach Satz 1 herzustellenden Wohnung genügt es, wenn von jeweils bis zu drei weiteren dieser Wohnungen die erste Wohnung barrierefrei nutzbar ist.

(2) Bauliche Anlagen oder Teile baulicher Anlagen, die überwiegend oder ausschließlich von Menschen mit Behinderungen oder älteren Menschen genutzt werden, wie Tages- und Begegnungsstätten, Werkstätten, Einrichtungen zum Zweck der Pflege oder Betreuung und ähnliche Einrichtungen der Gesundheitspflege, müssen entsprechend ihrer speziellen Erfordernisse barrierefrei sein.

(3) Folgende allgemein zugängliche bauliche Anlagen oder Teile baulicher Anlagen müssen barrierefrei sein:

1.
    Versammlungsstätten einschließlich Kultureinrichtungen und für den Gottesdienst bestimmte Anlagen,

2.
    Verkaufsstätten; Läden und ähnliche Geschäftsräume in Erdgeschossen müssen barrierefrei zugänglich sein,

3.
    Gebäude der öffentlichen Verwaltung und Gerichte,

4.
    Schalter- und Abfertigungsräume der Verkehrs- und Versorgungseinrichtungen sowie Einrichtungen für Finanz- und Postdienstleistungen,

5.
    Gaststätten, Kantinen, Beherbergungsbetriebe,

6.
    Schulen, Hochschulen und Weiterbildungseinrichtungen sowie Forschungsinstitute,

7.
    Kindertagesstätten und sonstige Einrichtungen für Kinder und Jugendliche,

8.

Krankenhäuser und Rehabilitationseinrichtungen,

9. Arztpraxen und ähnliche Einrichtungen der Gesundheitspflege,

10. Notariate, Steuerberatungs- und Rechtsanwaltskanzleien und sonstige Nutzungseinheiten für freiberuflich Tätige und solche Gewerbetreibende, die ihren Beruf in ähnlicher Art ausüben, jeweils mit einer Nutzfläche von mehr als 100 m^2; kleinere Nutzungseinheiten für diese Berufe in Erdgeschossen müssen barrierefrei zugänglich sein,

11. Büro- und Verwaltungsgebäude der Gebäudeklassen 4 und 5 sowie Räume, die einer Büro- und Verwaltungsnutzung dienen und insgesamt eine Nutzfläche von mehr als 400 m^2 je Geschoss haben; entsprechende Räume mit geringerer Nutzfläche in Erdgeschossen müssen barrierefrei zugänglich sein,

12. Museen, öffentliche Bibliotheken, Messe- und Ausstellungsgelände und -gebäude,

13. Sport- und Freizeitstätten, Spielplätze und ähnliche Anlagen,

14. öffentliche Toilettenanlagen,

15. Stellplätze und Garagen mit mehr als 1 000 m^2 Nutzfläche sowie Stellplätze und Garagen, die zu den Anlagen und Einrichtungen nach den Nummern 1 bis 13 gehören.

Für die der zweckentsprechenden Nutzung dienenden Räume und Anlagen genügt es, wenn sie in dem erforderlichen Umfang barrierefrei sind; entsprechendes gilt für erforderliche Toilettenräume. Notwendige Stellplätze müssen in der erforderlichen Anzahl barrierefrei sein.

(4) Die Bauaufsichtsbehörde kann Abweichungen von Anforderungen an die Barrierefreiheit der Absätze 1 bis 3 zulassen, soweit sie nur mit

unverhältnismäßigem Mehraufwand erfüllt werden können, insbesondere wegen des Einbaus eines sonst nicht erforderlichen Aufzugs, bei baulichen Maßnahmen im Gebäudebestand oder bei der Änderung der Nutzung.

Fußnoten

Absatz 1 in Kraft mit Wirkung vom 1. Dezember 2015

Absatz 3 in Kraft mit Wirkung vom 1. Dezember 2015

§ 52
Werbeanlagen und Warenautomaten

(1) Anlagen der Außenwerbung (Werbeanlagen) sind alle ortsfesten Einrichtungen, die der Ankündigung oder Anpreisung oder als Hinweis auf Gewerbe oder Beruf dienen und vom öffentlichen Verkehrsraum aus sichtbar sind. Hierzu zählen insbesondere Schilder, sonstige Anschläge, Beschriftungen, Bemalungen, Lichtwerbungen, Schaukästen sowie für Anschläge oder Lichtwerbung bestimmte Säulen, Tafeln und Flächen.

(2) Für Werbeanlagen, die keine baulichen Anlagen sind, gelten § 3 Abs. 1 und § 5 entsprechend. Eine störende Häufung von Werbeanlagen ist unzulässig.

(3) Außerhalb der im Zusammenhang bebauten Ortsteile sind Werbeanlagen unzulässig. Das Gleiche gilt für Werbeanlagen an Ortsrändern, soweit sie in die freie Landschaft wirken. Ausgenommen sind:

1. Werbeanlagen an der Stätte der Leistung,

2. Schilder, die gewerbliche Betriebe nach Art und Inhaberschaft kennzeichnen (Hinweisschilder), wenn sie vor Ortsdurchfahrten auf einer Tafel zusammengefasst sind,

3. einzelne Hinweiszeichen an Verkehrsstraßen und Wegabzweigungen, die im Interesse des Verkehrs auf außerhalb der Ortsdurchfahrt liegende gewerbliche oder landwirtschaftliche Betriebe oder versteckt liegende Stätten aufmerksam machen,

4. Hinweisschilder des Landesbetriebs Mobilität, Kreiswappenschilder, Gemeindewappenschilder am Ortsein- und -ausgang, landschaftsangepasste Hinweisschilder auf Gebietskörperschaften an

Ortsumgehungen sowie auf die herausragende Weinlage einer Gemeinde,

5. Werbeanlagen an und auf Flugplätzen und Sportstätten sowie auf abgegrenzten Versammlungsstätten, soweit sie nicht störend in die freie Landschaft wirken,

6. Werbeanlagen auf Ausstellungs- und Messegeländen.

(4) In Kleinsiedlungsgebieten, reinen Wohngebieten, allgemeinen Wohngebieten und Dorfgebieten sind nur Werbeanlagen an der Stätte der Leistung sowie Anlagen für amtliche Mitteilungen und zur Unterrichtung der Bevölkerung über kirchliche, kulturelle, politische, sportliche und ähnliche Veranstaltungen zulässig; die jeweils freie Fläche dieser Anlagen darf auch für andere Werbung verwendet werden. In reinen Wohngebieten darf an der Stätte der Leistung nur mit Hinweisschildern geworben werden. An Haltestellen des öffentlichen Personennahverkehrs können andere Werbeanlagen zugelassen werden, wenn die Eigenart des Gebiets und das Ortsbild nicht beeinträchtigt werden. Auf öffentlichen Verkehrsflächen sind Hinweiszeichen, die auf versteckt liegende gewerbliche Betriebe oder Stätten aufmerksam machen, zulässig, wenn sie das Ortsbild nicht beeinträchtigen und die Verkehrssicherheit gewährleistet ist; die Hinweiszeichen dürfen auf einer Tafel zusammengefasst sein.

(5) Die Absätze 2 und 3 gelten für Warenautomaten entsprechend, wenn sie vom öffentlichen Verkehrsraum aus sichtbar sind.

(6) Die Bestimmungen dieses Gesetzes sind nicht anzuwenden auf

1. Anschläge und Lichtwerbung an genehmigten Säulen, Tafeln und Flächen,

2. Werbemittel an Zeitungs- und Zeitschriftenverkaufsstellen,

3. Auslagen und Dekorationen in Schaufenstern und Schaukästen,

4. Wahlwerbung für die Dauer eines Wahlkampfs.

§ 53
Baustellen

(1) Baustellen sind so einzurichten, dass bauliche Anlagen sowie andere Anlagen und Einrichtungen im Sinne des § 1 Abs. 1 Satz 2 ordnungsgemäß errichtet, geändert oder abgebrochen werden können und Gefahren oder unzumutbare Belästigungen nicht entstehen.

(2) Öffentliche Verkehrsflächen, Versorgungs-, Abwasser- und Meldeanlagen sowie Pegel- und Grundwassermessstellen, Vermessungs- und Grenzmarken sind während der Bauarbeiten zu schützen und, soweit erforderlich, unter den notwendigen Sicherheitsvorkehrungen zugänglich zu halten. Bäume, Hecken und andere Gehölze, die aufgrund öffentlich-rechtlicher Vorschriften zu erhalten sind, müssen während der Bauarbeiten geschützt werden.

(3) Bei der Ausführung genehmigungsbedürftiger Vorhaben ist an der Baustelle eine von der Bauaufsichtsbehörde ausgehändigte Kennzeichnung anzubringen, die über die Erteilung der Baugenehmigung unter Angabe des Ausstellungsdatums und des Aktenzeichens Auskunft gibt. Die Bauherrin oder der Bauherr hat vor Baubeginn Namen, Anschrift und Rufnummer der Entwurfsverfasserin oder des Entwurfsverfassers, der Bauleiterin oder des Bauleiters und der am Rohbau beteiligten Unternehmen in die Kennzeichnung einzutragen. Die Kennzeichnung muss dauerhaft, leicht lesbar und von der öffentlichen Verkehrsfläche aus sichtbar angebracht sein.

(4) Bei der Ausführung von Vorhaben, für die das Freistellungsverfahren nach § 67 durchgeführt wurde, sind an der Baustelle Angaben über die Art des Vorhabens sowie über Namen, Anschrift und Rufnummer der Bauherrin oder des Bauherrn, der Entwurfsverfasserin oder des Entwurfsverfassers, der Bauleiterin oder des Bauleiters und der am Rohbau beteiligten Unternehmen anzubringen. Die Angaben müssen dauerhaft, leicht lesbar und von der öffentlichen Verkehrsfläche aus sichtbar angebracht sein.

Vierter Teil
Verantwortung der am Bau Beteiligten

§ 54
Grundsatz

(1) Bei der Errichtung, Änderung, Nutzungsänderung oder dem Abbruch baulicher Anlagen sowie anderer Anlagen und Einrichtungen im Sinne des § 1 Abs. 1 Satz 2 sind die Bauherrin oder der Bauherr und im Rahmen ihres Wirkungskreises die anderen am Bau Beteiligten dafür verantwortlich, dass die baurechtlichen und die sonstigen öffentlich-rechtlichen Vorschriften eingehalten werden.

(2) Die Bauherrin oder der Bauherr sowie die Eigentümerin oder der Eigentümer sind dafür verantwortlich, dass bauliche Anlagen sowie Grundstücke den baurechtlichen Vorschriften entsprechen. Wer erbbauberechtigt ist, tritt an die Stelle der Person, die das Eigentum innehat. Wer die tatsächliche Gewalt über eine bauliche Anlage oder ein Grundstück ausübt, ist neben der Person, die das Eigentum oder das Erbbaurecht innehat, verantwortlich. § 5 Abs. 3 des Polizei- und Ordnungsbehördengesetzes gilt

entsprechend.

§ 55
Bauherrin, Bauherr

(1) Die Bauherrin oder der Bauherr hat zur Vorbereitung, Ausführung und Überwachung genehmigungsbedürftiger Vorhaben und von Vorhaben, für die das Freistellungsverfahren nach § 67 durchgeführt wurde, nach Sachkunde und Erfahrung geeignete Beteiligte nach Maßgabe der §§ 56 bis 57 zu bestellen; § 50 bleibt unberührt. Der Bauherrin oder dem Bauherrn obliegt es, die nach baurechtlichen und sonstigen öffentlich-rechtlichen Vorschriften erforderlichen Anzeigen und Nachweise gegenüber der Bauaufsichtsbehörde zu erbringen. Sie oder er hat vor Baubeginn Namen und Anschrift der bauleitenden Person und während der Bauausführung einen Wechsel dieser Person unverzüglich der Bauaufsichtsbehörde schriftlich mitzuteilen.

(2) Bei geringfügigen oder technisch einfachen Vorhaben kann die Bauaufsichtsbehörde auf die Bestellung einer Entwurfsverfasserin oder eines Entwurfsverfassers und einer Bauleiterin oder eines Bauleiters verzichten. Bei Bauarbeiten, die in Selbst- oder Nachbarschaftshilfe ausgeführt werden, ist die Bestellung von Unternehmen nach Absatz 1 Satz 1 nicht erforderlich, wenn genügend Fachkräfte mit der notwendigen Sachkunde, Erfahrung und Zuverlässigkeit mitwirken.

(3) Die Bauaufsichtsbehörde kann verlangen, dass ihr für bestimmte Bauarbeiten die Unternehmen und Fachleute (§ 57) namhaft gemacht werden.

(4) Ist eine von der Bauherrin oder dem Bauherrn bestellte Person für ihre Aufgabe nach Sachkunde und Erfahrung nicht geeignet, so kann die Bauaufsichtsbehörde vor und während der Ausführung des Vorhabens verlangen, dass sie durch eine geeignete Person ersetzt wird oder geeignete Fachleute oder sachverständige Personen herangezogen werden. Die Bauaufsichtsbehörde kann die Einstellung der Bauarbeiten anordnen, bis geeignete Personen bestellt oder herangezogen worden sind. Die Sätze 1 und 2 gelten für von der Bauherrin oder dem Bauherrn bestellte Unternehmen entsprechend.

(5) Wechselt die Bauherrin oder der Bauherr, so hat die neue Bauherrin oder der neue Bauherr dies der Bauaufsichtsbehörde unverzüglich schriftlich mitzuteilen.

(6) Treten bei einem Vorhaben mehrere Personen als Bauherrin oder Bauherr auf, so kann die Bauaufsichtsbehörde verlangen, dass eine Vertretung bestellt wird, die ihr gegenüber die Pflichten der Bauherrin oder des Bauherrn zu erfüllen hat.

§ 56
Entwurfsverfasserinnen, Entwurfsverfasser

(1) Entwurfsverfasserinnen und Entwurfsverfasser sind für die Vollständigkeit und Brauchbarkeit ihrer Entwürfe verantwortlich. Sie haben dafür zu sorgen, dass die für die Ausführung des Vorhabens erforderlichen Einzelzeichnungen, Einzelberechnungen und Anweisungen geliefert werden und dass diese den

genehmigten Bauunterlagen sowie den baurechtlichen und sonstigen öffentlich-rechtlichen Vorschriften entsprechen.

(2) Haben Entwurfsverfasserinnen und Entwurfsverfasser auf einzelnen Fachgebieten nicht die erforderliche Sachkunde und Erfahrung, so haben sie die Bauherrin oder den Bauherrn zu veranlassen, geeignete sachverständige Personen heranzuziehen. Für diese gilt Absatz 1 entsprechend. Entwurfsverfasserinnen und Entwurfsverfasser sind für das Ineinandergreifen ihrer Entwürfe und der Entwürfe der sachverständigen Personen verantwortlich.

§ 56a
Bauleiterin, Bauleiter

(1) Die Bauleiterin oder der Bauleiter hat darüber zu wachen, dass die Baumaßnahme nach den Vorschriften des öffentlichen Baurechts durchgeführt wird. Verstöße, denen nicht abgeholfen wird, hat sie oder er unverzüglich der Bauaufsichtsbehörde mitzuteilen.

(2) Soweit die Überwachung besondere Sachkunde oder Erfahrung erfordert, hat die Bauleiterin oder der Bauleiter die Bauherrin oder den Bauherrn zu veranlassen, geeignete Fachbauleiterinnen oder Fachbauleiter hinzuzuziehen. Für diese gilt Absatz 1 entsprechend. Neben der Veranlassung nach Satz 1 ist die Bauleiterin oder der Bauleiter für das Ineinandergreifen ihrer oder seiner Tätigkeit und der Tätigkeiten der Fachbauleiterinnen oder Fachbauleiter sowie anderer sachverständiger Personen verantwortlich.

§ 57
Unternehmen

(1) Die Unternehmen sind dafür verantwortlich, dass die von ihnen übernommenen Arbeiten nach den geprüften oder, wenn eine Prüfung nicht erforderlich ist, den eingereichten Bauunterlagen und den Anweisungen der Entwurfsverfasserin oder des Entwurfsverfassers gemäß den baurechtlichen und sonstigen öffentlich-rechtlichen Vorschriften ausgeführt werden. Sie sind ferner verantwortlich für die ordnungsgemäße Einrichtung und den sicheren Betrieb der Baustelle. Sie haben die erforderlichen Nachweise über die Verwendbarkeit der verwendeten Bauprodukte und die Anwendbarkeit von Bauarten auf der Baustelle bereitzuhalten.

(2) Haben Unternehmen für einzelne Bauarbeiten nicht die erforderliche Sachkunde und Erfahrung, so haben sie die Bauherrin oder den Bauherrn zu veranlassen, andere geeignete Unternehmen oder Fachleute heranzuziehen. Diese sind für ihre Arbeiten verantwortlich.

(3) Die Unternehmen und Fachleute haben auf Verlangen der Bauaufsichtsbehörde für Bauarbeiten, bei denen die Sicherheit der baulichen Anlage in außergewöhnlichem Maße von einer besonderen Sachkunde und Erfahrung oder von einer Ausstattung des Unternehmens mit besonderen Einrichtungen abhängt, nachzuweisen, dass sie für diese Bauarbeiten geeignet sind und über die erforderlichen Einrichtungen verfügen.

Fünfter Teil
Behörden
§ 58
Bauaufsichtsbehörden

(1) Bauaufsichtsbehörden sind:

1. das fachlich zuständige Ministerium als oberste Bauaufsichtsbehörde,

2. die Struktur- und Genehmigungsdirektion als obere Bauaufsichtsbehörde,

3. die Kreisverwaltung, in kreisfreien und großen kreisangehörigen Städten die Stadtverwaltung, als untere Bauaufsichtsbehörde.

Soweit eine Übertragung der Aufgaben der unteren Bauaufsichtsbehörde auf die Verbandsgemeindeverwaltung besteht, ist diese untere Bauaufsichtsbehörde.

(2) Die unteren Bauaufsichtsbehörden müssen mit geeigneten Fachkräften besetzt sein.

(3) Die Verbandsgemeinden, die großen kreisangehörigen und die kreisfreien Städte sowie die Landkreise nehmen die Bauaufsicht als Auftragsangelegenheit wahr.

§ 59
Aufgaben und Befugnisse der Bauaufsichtsbehörden

(1) Die Bauaufsichtsbehörden haben bei der Errichtung, Änderung, Instandhaltung, Nutzung, Nutzungsänderung und dem Abbruch baulicher Anlagen sowie anderer Anlagen und Einrichtungen im Sinne des § 1 Abs. 1 Satz 2 darüber zu wachen, dass die baurechtlichen und sonstigen öffentlich-rechtlichen Vorschriften und die aufgrund dieser Vorschriften erlassenen Anordnungen eingehalten werden; sie haben zu diesem Zweck nach pflichtgemäßem Ermessen die erforderlichen Maßnahmen zu treffen. Im Rahmen ihrer Zuständigkeit haben sie die verantwortlichen Personen (§ 54 Abs. 1) zu beraten.

(2) Die Bauaufsichtsbehörden haben im Rahmen ihrer Aufgaben zugleich die Befugnisse von allgemeinen Ordnungsbehörden nach den §§ 6 und 7 des Polizei- und Ordnungsbehördengesetzes.

(3) Die Bauaufsichtsbehörden können sachverständige Personen oder Stellen heranziehen.

(4) Die mit der Durchführung dieses Gesetzes beauftragten Personen sind befugt, zur Wahrnehmung ihrer Aufgaben Grundstücke und bauliche Anlagen einschließlich der Wohnungen zu betreten. Wohnungen dürfen nur zur Abwehr

dringender Gefahren für die öffentliche Sicherheit oder Ordnung betreten werden; die Absicht des Betretens soll unter Darlegung des Zwecks vorher schriftlich mitgeteilt werden. Das Grundrecht der Unverletzlichkeit der Wohnung (Artikel 13 des Grundgesetzes) wird insoweit eingeschränkt.

§ 60
Sachliche Zuständigkeit

Sachlich zuständig ist, soweit in diesem Gesetz oder in Vorschriften aufgrund dieses Gesetzes nichts anderes bestimmt ist, die untere Bauaufsichtsbehörde.

Sechster Teil
Verfahren

§ 61
Genehmigungsbedürftige Vorhaben

Die Errichtung, die Änderung, die Nutzungsänderung und der Abbruch baulicher Anlagen sowie anderer Anlagen und Einrichtungen im Sinne des § 1 Abs. 1 Satz 2 bedürfen der Genehmigung (Baugenehmigung), soweit in den §§ 62, 67 und 84 nichts anderes bestimmt ist.

§ 62
Genehmigungsfreie Vorhaben

(1) Unbeschadet einer nach anderen Vorschriften erforderlichen Genehmigung bedürfen keiner Baugenehmigung das Errichten, Herstellen, Aufstellen, Anbringen oder Ändern von folgenden baulichen Anlagen, anderen Anlagen und Einrichtungen:

1.

   Gebäude

   a)

   Gebäude bis zu 50 m³, im Außenbereich bis zu 10 m³ umbauten Raums ohne Aufenthaltsräume, Toiletten oder Feuerstätten; ausgenommen sind Kulturdenkmäler und Gebäude in der Umgebung von Kultur- und Naturdenkmälern sowie Garagen, Verkaufs- und Ausstellungsstände,

   b)

   freistehende Gebäude ohne Unterkellerung und ohne Feuerstätten bis zu 100 m² Grundfläche und 6 m Firsthöhe, die einem land- oder forstwirtschaftlichen Betrieb oder einem Betrieb der gartenbaulichen Erzeugung dienen und nur zur Unterbringung von Sachen oder zum vorübergehenden, im Falle von ortsveränderlich genutzten und fahrbereit aufgestellten Anlagen auch zum dauerhaften Schutz von Tieren bestimmt sind,

c) Gewächshäuser bis zu 6 m Firsthöhe, die einem landwirtschaftlichen Betrieb oder einem Betrieb der gartenbaulichen Erzeugung dienen, und Einrichtungen zum vorübergehenden Schutz von Pflanzenkulturen im Erwerbsgarten- und Erwerbsobstbau, wie Hagelschutznetze,

d) Kleinwochenendhäuser, Wohnwagen und Zelte auf genehmigten Camping- und Wochenendplätzen,

e) Gartenlauben in Dauerkleingärten (§ 1 Abs. 3 und § 3 Abs. 2 des Bundeskleingartengesetzes),

f) Garagen, überdachte Stellplätze und Abstellplätze für Fahrräder bis zu 50 m² Grundfläche und einer mittleren Wandhöhe der Außenwände von jeweils nicht mehr als 3,20 m, bei Wänden mit Giebeln einer Firsthöhe von nicht mehr als 4 m; ausgenommen sind Garagen, überdachte Stellplätze und Abstellplätze für Fahrräder im Außenbereich sowie in der Umgebung von Kultur- und Naturdenkmälern,

g) Fahrgastunterstände des öffentlichen Personennahverkehrs;

2. Feuerungs- und andere Energieerzeugungsanlagen

a) Feuerstätten, wenn sie nachweislich (Unternehmensbescheinigung) von einem Fachunternehmen errichtet werden; § 79 Abs. 2 bleibt unberührt,

b) Abgasanlagen für Feuerstätten an Gebäuden sowie freistehende Abgasanlagen bis zu 10 m Höhe über der Geländeoberfläche; § 79 Abs. 2 bleibt unberührt,

c)

    Blockheizkraftwerke in Gebäuden; § 79 Abs. 2 bleibt unberührt,

d)

    Wärmepumpen und Brennstoffzellenheizgeräte; für Wärmepumpen und Brennstoffzellenheizgeräte, die Feuerstätten sind, gilt Buchstabe a,

e)

    Anlagen zur Nutzung solarer Strahlungsenergie in, an und auf Dach- und Außenwandflächen ausgenommen bei Hochhäusern sowie damit verbundene Nutzungsänderungen baulicher Anlagen; gebäudeunabhängige Anlagen zur Nutzung solarer Strahlungsenergie mit einer Höhe bis zu 3 m und einer Gesamtlänge bis zu 9 m in Gewerbe- und Industriegebieten; die Halbsätze 1 und 2 gelten im Außenbereich nur, wenn sie einem nach § 35 Abs. 1 BauGB zu lässigen Vorhaben dienen; ausgenommen sind Anlagen zur Nutzung solarer Strahlungsenergie auf oder an Kulturdenkmälern sowie in der Umgebung von Kultur- und Naturdenkmälern;

3.

Leitungen und Anlagen für Lüftung, Wasser- und Energieversorgung, Abwasserbeseitigung und Fernmeldewesen

    a)

    Transformatoren-, Gasregler- und Gewässergütemessstationen bis zu 50 m³ umbauten Raums; ausgenommen sind Anlagen in der Umgebung von Kultur- und Naturdenkmälern,

    b)

    Wasser- und Warmwasserversorgungsanlagen in Gebäuden und auf Grundstücken,

    c)

    Abwasserbeseitigungsanlagen in Gebäuden und auf Grundstücken,

    d)

    Anlagen zur Verteilung von Wärme bei Wasserheizungsanlagen,

    e)

Lüftungsleitungen, Leitungen von Warmluftheizungen und Klimaanlagen, Installationsschächte und -kanäle, wenn sie weder Brandabschnitte noch in Gebäuden der Gebäudeklassen 4 und 5 Geschosse überbrücken,

f)

Energie- und Telekommunikationsanlagen in Gebäuden und auf Grundstücken,

g)

Ladestationen für elektrisch betriebene Kraftfahrzeuge einschließlich notwendiger Versorgungseinrichtungen außerhalb von Gebäuden;

4.

Masten, Antennen und ähnliche bauliche Anlagen

a)

Blitzschutzanlagen,

b)

Antennenanlagen, einschließlich der Masten bis zu 10 m Höhe und notwendiger Versorgungseinrichtungen, sowie damit verbundene Nutzungsänderungen baulicher Anlagen; ausgenommen sind Parabolantennen auf oder an Kulturdenkmälern sowie in der Umgebung von Kultur- und Naturdenkmälern,

c)

Masten und Unterstützungen für Fernmeldeleitungen oder Leitungen zur Versorgung mit Elektrizität sowie sonstige Masten bis zu 10 m Höhe,

d)

Unterstützungen von Seilbahnen, die der Lastenbeförderung dienen und nicht über öffentliche Verkehrsflächen führen,

e)

Signalhochbauten des amtlichen Vermessungswesens,

f)

Windenergieanlagen bis zu einer Gesamthöhe von 10 m, auf Dächern bis zu einer Gesamthöhe von 2 m, in Gewerbe- und Industriegebieten sowie im Außenbereich, wenn sie einem nach § 35 Abs. 1 BauGB zulässigen Vorhaben dienen, einschließlich der damit verbundenen Nutzungsänderungen baulicher Anlagen; es gelten die Anforderungen des § 66 Abs. 3 Satz 4 und 5; ausgenommen sind Windenergieanlagen auf oder an Kulturdenkmälern sowie in der Umgebung von Kultur- und Naturdenkmälern;

5.

Behälter, Wasserbecken

a)

Wasserbecken im Freien bis zu 100 m³ Rauminhalt, außer im Außenbereich,

b)

Behälter bis zu 50 m³ Behälterinhalt und bis zu 3 m Höhe, im Außenbereich nur, wenn sie einem land- oder forstwirtschaftlichen Betrieb oder einem Betrieb der gartenbaulichen Erzeugung dienen; ausgenommen sind Behälter für Gase, Behälter für brennbare und wassergefährdende Flüssigkeiten mit mehr als 10 m³ Behälterinhalt sowie Behälter mit mehr als 5 m³ Behälterinhalt in der Umgebung von Kultur- und Naturdenkmälern,

c)

ortsfeste Behälter für verflüssigte Gase mit weniger als 3 t Fassungsvermögen und nicht verflüssigte Gase bis zu 5 m³ Behälterinhalt,

d)

landwirtschaftliche Fahrsilos;

6.

Einfriedungen, Stützmauern, Brücken, Durchlässe

a)

Einfriedungen; ausgenommen sind Einfriedungen im Außenbereich sowie in der Umgebung von Kultur- und Naturdenkmälern,

b)

Stützmauern bis zu 2 m Höhe über der Geländeoberfläche,

c)

Durchlässe und Brücken bis zu 5 m lichte Weite; ausgenommen sind Überbrückungen zwischen Gebäuden,

d)

Weidezäune sowie offene Einfriedungen im Außenbereich, die einem land- oder forstwirtschaftlichen Betrieb oder einem Betrieb der gartenbaulichen Erzeugung etwa zum Schutz von land- oder forstwirtschaftlichen Kulturen, dem Schutz von Wildgehegen zu Jagdzwecken oder dem Schutz von Verkehrswegen dienen; ausgenommen sind Einfriedungen in der Umgebung von Kultur- und Naturdenkmälern;

7.

bauliche Anlagen in Gärten und zur Freizeitgestaltung

a)

Sprungschanzen und -türme bis zu 5 m Höhe,

b)

luftgetragene Schwimmbeckenüberdachungen bis zu 100 m² Grundfläche, außer im Außenbereich sowie in der Umgebung von Kultur- und Naturdenkmälern,

c)

bauliche Anlagen, die der Gartengestaltung oder der zweckentsprechenden Einrichtung von Sport- und Spielplätzen dienen, wie Pergolen, Trockenmauern, Tore für Ballspiele; ausgenommen sind bauliche Anlagen in der Umgebung von Kulturdenkmälern sowie in historischen Park- und Gartenanlagen,

d)

Hochsitze mit einer Nutzfläche bis zu 4 m²;

8.

Werbeanlagen, Warenautomaten, Hinweisschilder

a)

Werbeanlagen bis zu 1 m² Größe, soweit durch Satzung nach § 88 Abs. 1 keine andere Größe bestimmt ist,

b)

Werbeanlagen für zeitlich begrenzte Veranstaltungen, wie Aus- und Schlussverkäufe, Märkte, Messen und Heimatfeste, für die Dauer der Veranstaltung,

c)

Werbeanlagen, die an der Stätte der Leistung vorübergehend angebracht oder aufgestellt sind, soweit sie nicht mit dem Boden oder einer baulichen Anlage verbunden sind,

d)

Hinweisschilder des Landesbetriebs Mobilität, Kreiswappenschilder und Gemeindewappenschilder am Ortsein- und -ausgang,

e)

Warenautomaten, wenn sie in räumlicher Verbindung mit einer offenen Verkaufsstelle stehen;

9.

sonstige vorübergehend aufgestellte oder genutzte Anlagen

a)

Gerüste,

b)

Baustelleneinrichtungen einschließlich der Lager- und Schutzhallen sowie der zum vorübergehenden Aufenthalt dienenden Unterkünfte (Baubuden),

c)

bauliche Anlagen, die für höchstens drei Monate auf genehmigtem Messe- und Ausstellungsgelände errichtet werden, ausgenommen sind Fliegende Bauten;

10.

tragende und nicht tragende Bauteile

a)

tragende oder aussteifende Bauteile im Innern von Gebäuden nach § 66 Abs. 1 mit Ausnahme von Kulturdenkmälern; die Bauherrin oder der Bauherr muss sich vor Baubeginn die Unbedenklichkeit der Maßnahme von einer Person nach § 66 Abs. 6 Satz 1 bestätigen lassen,

b)

nicht tragende oder nicht aussteifende Bauteile im Innern von Gebäuden, bei Gebäuden, die nicht unter § 66 Abs. 1 fallen, jedoch nur außerhalb von Rettungswegen; ausgenommen sind Kulturdenkmäler;

11.

sonstige bauliche Anlagen und Teile baulicher Anlagen

a)

selbständige Aufschüttungen oder Abgrabungen bis zu 300 m² Grundfläche und bis zu 2 m Höhe oder Tiefe; ausgenommen sind Abgrabungen in Grabungsschutzgebieten gemäß § 22 des Denkmalschutzgesetzes,

b)

Ausgrabungen der Denkmalfachbehörde und ihrer Beauftragten nach § 25 des Denkmalschutzgesetzes,

c)

Plastiken, Denkmäler und ähnliche Anlagen bis zu 3 m Höhe sowie Grabkreuze und -steine auf Friedhöfen,

d)

Stellplätze und Sport- und Spielplätze bis zu 100 m² Fläche,

e)

Abstellplätze für Fahrräder,

f)

freistehende Regale bis zu 12 m Höhe auf genehmigten oder genehmigungsfreien Lagerplätzen,

g)

  Kranbahnen und ihre Unterstützungen für Krane bis zu 50 kN Traglast,

h)

  Fahrzeugwaagen,

i)

  Lager-, Abstellplätze und Ausläufe für Tiere, die einem land- oder forstwirtschaftlichen Betrieb dienen, sowie sonstige Lager-, Abstell-, Aufstell- und Ausstellungsplätze bis zu 300 m² Fläche,

j)

  nicht öffentliche Verkehrsflächen,

k)

  unbedeutende bauliche Anlagen, soweit sie nicht durch die Nummern 1 bis 11 Buchst. j erfasst sind, wie nicht überdachte Terrassen, zu Straßenfesten und ähnlichen Veranstaltungen kurzfristig errichtete bauliche Anlagen, die keine Fliegenden Bauten sind, Kleintierställe bis zu 5 m³ umbauten Raums, Fahnen- oder Teppichstangen sowie Markisen außerhalb öffentlicher Verkehrsflächen;

12.

Imbiss- und Verkaufswagen auf öffentlichen Verkehrsflächen und gewerblich genutzten Flächen, außer im Außenbereich.

(2) Keiner Baugenehmigung bedürfen ferner:

1.

die Änderung der äußeren Gestaltung genehmigungsbedürftiger baulicher Anlagen durch Anstrich, Verputz oder Dacheindeckung, durch Austausch von Fenstern, Fenstertüren oder Außentüren und der Bedachung einschließlich Maßnahmen zum Zwecke der Energieeinsparung sowie durch Bekleidungen und Verblendungen von Wänden, ausgenommen Hochhäuser; dies gilt nicht in Gebieten, für die örtliche Vorschriften über die Gestaltung oder Erhaltung baulicher Anlagen bestehen, sowie für Gebäude in der Umgebung von Kultur- und Naturdenkmälern,

2.

zu ebener Erde liegende, unbeheizte Anbauten wie Wintergärten und

Terrassenüberdachungen bis zu 50 m³ umbauten Raums bei Wohngebäuden der Gebäudeklassen 1 bis 3, mit Ausnahme von Wohngebäuden im Außenbereich,

3.

der Ausbau einzelner Aufenthaltsräume im Dachraum von Wohngebäuden der Gebäudeklassen 1 bis 3, wenn die äußere Gestaltung des Gebäudes nicht verändert wird; in der Dachfläche liegende Fenster sind zulässig,

4.

die nicht wesentliche Änderung von Schornsteinen; § 79 Abs. 2 bleibt unberührt,

5.

Nutzungsänderungen von

a)

Gebäuden, Nutzungseinheiten und Räumen, die nicht im Außenbereich liegen, wenn für die neue Nutzung keine anderen bedeutsamen öffentlich-rechtlichen Anforderungen als für die bisherige Nutzung gelten,

b)

Gebäuden und Räumen, die nicht im Außenbereich liegen, bei einer teilweisen, untergeordneten gewerblichen oder geschäftlichen Mitbenutzung von Wohnraum ohne Änderung der Bausubstanz durch freiberuflich Tätige oder Gewerbetreibende. Dies gilt insbesondere für Existenzgründerinnen und Existenzgründer. Unbeschadet dessen kann für solche Nutzungsänderungen eine Genehmigung nach § 66 Abs. 1 beantragt werden. Anforderungen nach anderen Vorschriften sowie Rechte und Pflichten aufgrund privatrechtlicher Verträge bleiben unberührt, insbesondere ist dafür Sorge zu tragen, dass durch die Nutzungsänderung keine der Eigenart des Baugebietes widersprechende Belästigungen oder Störungen zu erwarten sind,

c)

anderen Anlagen und Einrichtungen, wenn deren Errichtung oder Änderung für die neue Nutzung genehmigungsfrei wäre,

6.

der Abbruch oder die Beseitigung von

a)

Anlagen und Einrichtungen nach Nummer 2 und Absatz 1,

b)

baulichen Anlagen, die keine Gebäude sind, bis zu einer Höhe von 30 m sowie baulichen Anlagen nach § 83 Abs. 4 und § 84,

c)

Gebäuden mit Ausnahme von Hochhäusern,

d)

ortsfesten Behältern,

e)

Feuerstätten.

(3) Die Genehmigungsfreiheit entbindet nicht von der Verpflichtung zur Einhaltung der Anforderungen, die durch baurechtliche und sonstige öffentlich-rechtliche Vorschriften an bauliche Anlagen sowie andere Anlagen und Einrichtungen gestellt werden.

§ 63
Bauantrag

(1) Der Antrag auf Erteilung der Baugenehmigung (Bauantrag) ist von der Bauherrin oder dem Bauherrn schriftlich bei der Gemeindeverwaltung einzureichen. Bei verbandsangehörigen Gemeinden tritt an die Stelle der Gemeindeverwaltung die Verbandsgemeindeverwaltung.

(2) Mit dem Bauantrag sind alle für die Beurteilung des Vorhabens und die Bearbeitung des Antrags erforderlichen Unterlagen (Bauunterlagen) einzureichen. Es kann zugelassen werden, dass einzelne Bauunterlagen nachgereicht werden.

(3) Der Bauantrag und die Bauunterlagen müssen von der Bauherrin oder dem Bauherrn sowie von den Entwurfsverfasserinnen und Entwurfsverfassern, die von sachverständigen Personen im Sinne des § 56 Abs. 2 oder des § 65 Abs. 4 bearbeiteten Unterlagen und Bescheinigungen von diesen mit Tagesangabe unterschrieben sein.

(4) Die Gemeindeverwaltung leitet, soweit sie nicht selbst für die Entscheidung zuständig ist, den Bauantrag unverzüglich an die Bauaufsichtsbehörde weiter und nimmt umgehend zu dem Vorhaben Stellung.

(5) Hat die Bauherrin oder der Bauherr nicht das Eigentum oder das

Erbbaurecht an dem Grundstück inne, so kann ein zur Ausführung des Vorhabens berechtigender Nachweis verlangt werden.

(6) Zur Beurteilung, wie sich das Vorhaben in die Umgebung einfügt, kann verlangt werden, dass es in geeigneter Weise, soweit erforderlich auf dem Grundstück, dargestellt wird.

§ 64
Bauvorlageberechtigung

(1) Bauunterlagen für die genehmigungsbedürftige Errichtung und Änderung von Gebäuden sowie für Vorhaben, für die das Freistellungsverfahren nach § 67 durchgeführt wird, müssen von einer bauvorlageberechtigten Entwurfsverfasserin oder einem bauvorlageberechtigten Entwurfsverfasser unterschrieben sein. Die Bauaufsichtsbehörde kann verlangen, dass die Bauvorlageberechtigung nachgewiesen wird.

(2) Bauvorlageberechtigt ist,

1. wer aufgrund des Architektengesetzes die Berufsbezeichnung Architektin oder Architekt zu führen berechtigt ist,

2. wer in einer von der Ingenieurkammer Rheinland-Pfalz zu führenden Liste eingetragen ist; in die Liste ist auf Antrag einzutragen, wer aufgrund des Landesgesetzes zum Schutz der Berufsbezeichnungen im Ingenieurwesen und über die Ingenieurkammer Rheinland-Pfalz als Absolventin oder als Absolvent des Fachbereichs Bauingenieurwesen die Berufsbezeichnung Ingenieurin oder Ingenieur zu führen berechtigt ist und danach mindestens zwei Jahre auf dem Gebiet der Objektplanung von Gebäuden praktisch tätig war; die Eintragung in eine vergleichbare Liste eines anderen Landes der Bundesrepublik Deutschland gilt auch in Rheinland-Pfalz,

3. wer aufgrund des Architektengesetzes die Berufsbezeichnung Innenarchitektin oder Innenarchitekt zu führen berechtigt ist, für die mit der Berufsaufgabe der Innenarchitektin oder des Innenarchitekten verbundene bauliche Änderung von Gebäuden,

4. wer die Befähigung zum höheren oder gehobenen bautechnischen Verwaltungsdienst besitzt, für seine dienstliche Tätigkeit.

(3) Personen, die in einem anderen Mitgliedstaat der Europäischen Union oder einem nach dem Recht der Europäischen Gemeinschaften gleichgestellten Staat niedergelassen und dort bauvorlageberechtigt sind, sind ohne Eintragung in die Liste nach Absatz 2 Nr. 2 bauvorlageberechtigt, wenn sie

1.

    eine vergleichbare Berechtigung besitzen und

2.

    dafür den Eintragungsvoraussetzungen des Absatzes 2 Nr. 2 vergleichbare Anforderungen erfüllen mussten.

Sie haben das erstmalige Tätigwerden als bauvorlageberechtigte Person vorher der Ingenieurkammer Rheinland-Pfalz anzuzeigen und dabei

1.

    eine Bescheinigung darüber, dass sie in dem Mitgliedstaat der Europäischen Union oder dem nach dem Recht der Europäischen Gemeinschaften gleichgestellten Staat ihrer Niederlassung bauvorlageberechtigt sind und ihnen die Ausübung dieser Tätigkeiten zum Zeitpunkt der Vorlage der Bescheinigung nicht, auch nicht vorübergehend, untersagt ist, und

2.

    einen Nachweis darüber, dass sie in dem Staat ihrer Niederlassung für die Tätigkeit als bauvorlageberechtigte Person mindestens den Eintragungsvoraussetzungen des Absatzes 2 Nr. 2 vergleichbare Anforderungen erfüllen mussten,

vorzulegen; sie sind in einem Verzeichnis zu führen. Die Ingenieurkammer Rheinland-Pfalz hat auf Antrag zu bestätigen, dass die Anzeige nach Satz 2 Halbsatz 1 erfolgt ist; sie kann das Tätigwerden als bauvorlageberechtigte Person untersagen und die Eintragung in das Verzeichnis nach Satz 2 Halbsatz 2 löschen, wenn die Voraussetzungen des Satzes 1 nicht erfüllt sind.

(4) Personen, die in einem anderen Mitgliedstaat der Europäischen Union oder einem nach dem Recht der Europäischen Gemeinschaften gleichgestellten Staat niedergelassen und dort bauvorlageberechtigt sind, ohne dafür den Eintragungsvoraussetzungen des Absatzes 2 Nr. 2 vergleichbare Anforderungen erfüllen zu müssen, sind bauvorlageberechtigt, wenn die Ingenieurkammer Rheinland-Pfalz ihnen bescheinigt hat, dass sie den Eintragungsvoraussetzungen des Absatzes 2 Nr. 2 vergleichbare Anforderungen erfüllen; sie sind in einem Verzeichnis zu führen. Die Bescheinigung wird auf Antrag erteilt, dem die erforderlichen Unterlagen beizufügen sind.

(5) Anzeigen und Bescheinigungen nach den Absätzen 3 und 4 sind nicht

erforderlich, wenn bereits in einem anderen Land der Bundesrepublik Deutschland eine Anzeige erfolgt ist oder eine Bescheinigung erteilt wurde; Absatz 3 Satz 2 Halbsatz 2 und Absatz 4 Satz 1 Halbsatz 2 sind nicht anzuwenden. Verfahren nach den Absätzen 2 bis 4 können über einen einheitlichen Ansprechpartner im Sinne des § 1 Abs. 1 des Landesgesetzes über die einheitlichen Ansprechpartner in Verwaltungsangelegenheiten vom 27. Oktober 2009 (GVBl. S. 355, BS 2010-6) in der jeweils geltenden Fassung abgewickelt werden. Auf die Verwaltungsverfahren zur Eintragung in die Liste nach Absatz 2 Nr. 2 und zur Ausstellung der Bescheinigung nach Absatz 4 finden die Bestimmungen über die Genehmigungsfiktion nach § 42 a VwVfG entsprechend Anwendung.

(6) Unternehmen dürfen Bauunterlagen von den für sie zeichnungsberechtigten Personen als Entwurfsverfasserinnen oder Entwurfsverfasser unterschreiben lassen, wenn die Bauunterlagen unter der Leitung einer bauvorlageberechtigten Person aufgestellt worden sind. Wer bauvorlageberechtigt ist, hat die Bauunterlagen durch Unterschrift anzuerkennen.

(7) Absatz 1 gilt nicht für Garagen bis zu 100 m^2 Nutzfläche sowie für Behelfsbauten und untergeordnete Gebäude (§ 49).

(8) Ingenieurinnen und Ingenieure, die aufgrund des § 95 Abs. 2 Satz 1 Nr. 2 und Satz 2 der Landesbauordnung für Rheinland-Pfalz vom 27. Februar 1974 (GVBl. S. 53) planvorlageberechtigt sind und hierüber eine Bescheinigung der Bezirksregierung erhalten haben, sind auf Antrag ohne weiteren Nachweis in die Liste nach Absatz 2 Nr. 2 einzutragen.

(9) Nicht bauvorlageberechtigte Personen, die vor dem 1. Juli 1987 regelmäßig Bauunterlagen für Gebäude nach § 95 Abs. 6 Nr. 1 bis 3 der Landesbauordnung für Rheinland-Pfalz vom 27. Februar 1974 (GVBl. S. 53) gefertigt und dies bis zum 1. Juli 1990 der zuständigen oberen Bauaufsichtsbehörde nachgewiesen haben, können Bauunterlagen für Gebäude dieser Art auch weiterhin unterschreiben.

§ 65
Behandlung des Bauantrags

(1) Die Bauaufsichtsbehörde hat zu prüfen, ob dem Vorhaben baurechtliche oder sonstige öffentlich-rechtliche Vorschriften entgegenstehen, sofern in diesem Gesetz nichts anderes bestimmt ist. Obliegt die Entscheidung über die Vereinbarkeit des Vorhabens mit sonstigen öffentlich-rechtlichen Vorschriften einer anderen Behörde, ist die Prüfung durch die Bauaufsichtsbehörde insoweit eingeschränkt. Die Nachweise des Wärme- und Schallschutzes sind nicht zu prüfen.

(2) Die Bauaufsichtsbehörde hat nach Eingang des Bauantrags binnen zehn Werktagen zu prüfen, ob

1.

    der Bauantrag und die Bauunterlagen vollständig,

2.

    andere Behörden oder Stellen zu beteiligen und

3.

    sachverständige Personen heranzuziehen

sind. Ist der Bauantrag unvollständig oder weist er sonst erhebliche Mängel auf, fordert die Bauaufsichtsbehörde die Bauherrin oder den Bauherrn innerhalb einer angemessenen Frist zur Nachbesserung auf. § 63 Abs. 2 Satz 2 bleibt unberührt. Werden die Mängel innerhalb der Frist nicht behoben, gilt der Antrag als zurückgenommen. Die Bauaufsichtsbehörde führt unverzüglich einen Anhörungstermin durch, wenn dies der Vereinfachung und Beschleunigung des Verfahrens dient.

(3) Typenprüfungen sind nach § 75 zu behandeln.

(4) Legt die Bauherrin oder der Bauherr Bescheinigungen einer sachverständigen Person im Sinne der Rechtsverordnung nach § 87 Abs. 5 vor, wird vermutet, dass die bauaufsichtlichen Anforderungen insoweit erfüllt sind. Die Bauaufsichtsbehörde kann die Vorlage solcher Bescheinigungen verlangen. Sie ist nicht verpflichtet, den Inhalt der Bescheinigungen zu überprüfen.

(5) Ist die Erteilung der Baugenehmigung von der Zustimmung, dem Einvernehmen, der Genehmigung oder der Erlaubnis einer anderen Behörde abhängig oder muss über das Vorhaben im Benehmen mit einer anderen Behörde entschieden werden, so holt die Bauaufsichtsbehörde die Entscheidung der anderen Behörde ein. Zu diesem Zweck kann sie der anderen Behörde personenbezogene Daten mitteilen, die diese für ihre Entscheidung benötigt. Eine nach landesrechtlichen Vorschriften erforderliche Entscheidung nach Satz 1 gilt als erteilt, wenn sie nicht innerhalb eines Monats nach Eingang des Ersuchens unter Angabe der Gründe versagt wird; dies gilt nicht, wenn die Bauaufsichtsbehörde auf begründeten Antrag der anderen Behörde die Frist verlängert hat. Die Bauaufsichtsbehörde teilt die Entscheidung der anderen Behörde zusammen mit ihrer Entscheidung der Bauherrin oder dem Bauherrn mit.

§ 66
Vereinfachtes Genehmigungsverfahren

(1) Bei folgenden Vorhaben wird, soweit sie nicht nach § 62 oder § 67 genehmigungsfrei sind, ein vereinfachtes Genehmigungsverfahren durchgeführt:

1.

    Wohngebäude der Gebäudeklassen 1 bis 3, sonstige Gebäude der Gebäudeklasse 2, ausgenommen Gebäude im Sinne des § 50 (Sonderbauten), jeweils einschließlich ihrer Nebengebäude und Nebenanlagen,

2.
>landwirtschaftliche Betriebsgebäude mit nicht mehr als zwei Geschossen über der Geländeoberfläche einschließlich ihrer Nebenanlagen,

3.
>Gewächshäuser bis zu 6 m Firsthöhe,

4.
>nicht gewerblich genutzte Gebäude bis zu 300 m³ umbauten Raums,

5.
>oberirdische Garagen bis zu 100 m² Nutzfläche,

6.
>Behelfsbauten und untergeordnete Gebäude (§ 49),

7.
>nicht gewerblich genutzte Lager-, Abstell-, Aufstell- und Ausstellungsplätze,

8.
>Stellplätze, Sport- und Spielplätze,

9.
>Werbeanlagen und Warenautomaten.

Spätestens bei Baubeginn müssen der Bauaufsichtsbehörde Erklärungen über die ordnungsgemäße Aufstellung der Nachweise der Standsicherheit, des Wärmeschutzes und, soweit erforderlich, des Schallschutzes vorliegen. Die Erklärungen sind von den Personen abzugeben, die die Nachweise aufgestellt und erforderlichenfalls geprüft haben. Die Nachweise sind auf der Baustelle vorzuhalten, der Bauaufsichtsbehörde auf Verlangen vorzulegen und dauerhaft aufzubewahren.

(2) Werden Bescheinigungen sachverständiger Personen nach § 65 Abs. 4 über die Gewährleistung der Standsicherheit und des Brandschutzes vorgelegt, wird bei folgenden Vorhaben einschließlich ihrer Nebengebäude und Nebenanlagen ebenfalls ein vereinfachtes Genehmigungsverfahren durchgeführt:

1.

Wohngebäude der Gebäudeklassen 4 und 5 mit Ausnahme von Hochhäusern,

2.

Gebäude der Gebäudeklassen 3 bis 5, die ausschließlich oder neben der Wohnnutzung überwiegend freiberuflich im Sinne des § 13 der Baunutzungsverordnung (BauNVO) in der Fassung der Bekanntmachung vom 23. Januar 1990 (BGBl. I S. 132) in der jeweils geltenden Fassung genutzt werden, mit Ausnahme von Hochhäusern,

3.

Gebäude der Gebäudeklassen 3 bis 5, die einer Büro- oder Verwaltungsnutzung dienen einschließlich der Wohnungen nach § 8 Abs. 3 Nr. 1 BauNVO, mit Ausnahme von Hochhäusern,

4.

Gebäude, die ausschließlich als Garage genutzt werden, mit über 100 m² bis 1 000 m² Nutzfläche (Mittelgaragen),

5.

erdgeschossige Werkstatt- und Lagergebäude mit nicht mehr als 5 000 m² Nutzfläche einschließlich erforderlicher Büro- und Sozialräume sowie Wohnungen nach § 8 Abs. 3 Nr. 1 BauNVO.

Spätestens bei Baubeginn müssen der Bauaufsichtsbehörde die Bescheinigungen der sachverständigen Personen nach § 65 Abs. 4 über die Gewährleistung der Standsicherheit und des Brandschutzes und, soweit erforderlich, die Nachweise des Wärme- und Schallschutzes vorliegen.

(3) Bei Windenergieanlagen bis zu einer Gesamthöhe von 50 m wird ein vereinfachtes Genehmigungsverfahren durchgeführt, wenn der Bauaufsichtsbehörde spätestens bei Baubeginn eine Erklärung einer oder eines Prüfsachverständigen für Standsicherheit im Sinne der Rechtsverordnung nach § 87 Abs. 5 darüber vorgelegt wird, dass die erforderlichen bautechnischen Unterlagen einschließlich der für die Standsicherheit erforderlichen und geprüften Nachweise wie Typenprüfung, Bodengutachten, Fundamentbemessung vorliegen und die Einhaltung der erforderlichen Abstände zu anderen Windenergieanlagen, Gebäuden und Verkehrswegen nachgewiesen sind. Mit der Fertigstellungsanzeige ist eine weitere Erklärung der oder des Prüfsachverständigen für Standsicherheit nach Satz 1 darüber vorzulegen, dass sie oder er die Bauausführung hinsichtlich der Standsicherheit nach Maßgabe der erforderlichen Nachweise nach Satz 1 überwacht hat. Für Windenergieanlagen bis zu einer Gesamthöhe von 10 m, auf Dächern bis zu einer Gesamthöhe von 2 m, die nicht nach § 62 Abs. 1 Nr. 4 Buchst. f

genehmigungsfrei sind, wird ein vereinfachtes Genehmigungsverfahren ohne die nach den Sätzen 1 und 2 erforderlichen Erklärungen durchgeführt. Die zur Gewährleistung der Stand- und Betriebssicherheit der Windenergieanlagen erforderlichen wiederkehrenden Prüfungen sind durchzuführen und zu dokumentieren. Sämtliche Erklärungen, Nachweise und Dokumentationen sind dauerhaft aufzubewahren und der Bauaufsichtsbehörde auf Verlangen vorzulegen.

(4) Im vereinfachten Genehmigungsverfahren beschränkt sich die Prüfung auf die Zulässigkeit des Vorhabens nach den Bestimmungen des Baugesetzbuchs, örtlicher Bauvorschriften (§ 88), des § 52 und der sonstigen öffentlich-rechtlichen Vorschriften. Die Prüfung auf Übereinstimmung mit den Bestimmungen der Arbeitsstättenverordnung vom 12. August 2004 (BGBl. I S. 2179) in der jeweils geltenden Fassung ist nur bei Vorhaben nach Absatz 2 Satz 1 Nr. 5 erforderlich. Aus der Stellungnahme der Gemeindeverwaltung nach § 63 Abs. 4 muss hervorgehen, dass die Erschließung (§ 6) und die Erfüllung der Stellplatzverpflichtung (§ 47) gesichert sind.

(5) Die Vollständigkeit des Bauantrags ist unter Angabe des Datums ihrer Feststellung schriftlich zu bestätigen. Bei Vorhaben nach Absatz 1 Satz 1 ist über den Bauantrag innerhalb einer Frist von einem Monat, bei Vorhaben nach Absatz 2 Satz 1 innerhalb einer Frist von drei Monaten nach Feststellung der Vollständigkeit zu entscheiden; ist das Einvernehmen der Gemeinde nach § 14 Abs. 2 Satz 2 oder § 36 Abs. 1 Satz 1 BauGB erforderlich, beginnt diese Frist mit Eingang der Mitteilung über die Entscheidung der Gemeinde oder, sofern das Einvernehmen der Gemeinde durch Fristablauf nach § 36 Abs. 2 Satz 2 BauGB als erteilt gilt, mit dem Zeitpunkt, bis zu dem die Mitteilung über die Verweigerung des Einvernehmens der Gemeinde bei der Bauaufsichtsbehörde hätte eingehen müssen. Die Bauaufsichtsbehörde kann die Frist aus wichtigem Grund um bis zu zwei Monate verlängern. Als wichtiger Grund gelten insbesondere die notwendige Beteiligung anderer Behörden sowie Entscheidungen über Abweichungen. Die Baugenehmigung gilt als erteilt, wenn über den Bauantrag nicht innerhalb der nach den Sätzen 2 und 3 maßgeblichen Frist entschieden worden ist. Auf Verlangen der Bauherrin oder des Bauherrn hat die Bauaufsichtsbehörde die Baugenehmigung nach Satz 5 schriftlich zu bestätigen. Die Sätze 1 bis 6 gelten nicht für Vorhaben im Außenbereich nach § 35 BauGB.

(6) Standsicherheitsnachweise für Vorhaben nach Absatz 1 Satz 1, ausgenommen Wohngebäude der Gebäudeklasse 3, müssen von Personen aufgestellt sein, die in einer von der Ingenieurkammer Rheinland-Pfalz zu führenden Liste eingetragen sind. In die Liste sind auf Antrag Personen mit einem berufsqualifizierenden Hochschulabschluss eines Studiums der Fachrichtung Architektur oder Bauingenieurwesen einzutragen, die mindestens drei Jahre regelmäßig Standsicherheitsnachweise aufgestellt oder geprüft haben. Die Eintragung in eine vergleichbare Liste eines anderen Landes der Bundesrepublik Deutschland gilt auch in Rheinland-Pfalz. Für Personen, die in einem anderen Mitgliedstaat der Europäischen Union oder einem nach dem Recht der Europäischen Gemeinschaften gleichgestellten Staat niedergelassen

und dort zur Aufstellung von Standsicherheitsnachweisen berechtigt sind, gilt § 64 Abs. 3 bis 5 entsprechend.

(7) Standsicherheitsnachweise für Wohngebäude der Gebäudeklasse 3 müssen von Prüfsachverständigen für Standsicherheit im Sinne der Rechtsverordnung nach § 87 Abs. 5 aufgestellt oder geprüft sein. Dies gilt nicht, wenn die Standsicherheitsnachweise von Personen aufgestellt sind, die vor dem 28. Dezember 2009 in der Liste nach Absatz 6 Satz 1 eingetragen sind.

(8) Personen, die vor dem 1. Juli 1987 aufgrund des § 96 Abs. 3 der Landesbauordnung für Rheinland-Pfalz vom 27. Februar 1974 (GVBl. S. 53) einen Bescheid darüber erhalten haben, dass sie ausreichende Sachkunde und Erfahrung für die Aufstellung von Standsicherheitsnachweisen für statisch einfache Konstruktionen besitzen, können solche Standsicherheitsnachweise für Einfamilienhäuser und deren zugehörige Nebengebäude auch weiterhin aufstellen, ohne dass die Nachweise einer Prüfung bedürfen.

§ 67
Freistellungsverfahren

(1) Vorhaben nach § 66 Abs. 1 Satz 1 Nr. 1 im Geltungsbereich eines Bebauungsplans im Sinne des § 12 oder des § 30 Abs. 1 BauGB bedürfen einschließlich ihrer Nebengebäude und Nebenanlagen keiner Baugenehmigung, wenn

1.

   sie den Festsetzungen des Bebauungsplans entsprechen und

2.

   die Erschließung gesichert ist.

Dies gilt nicht, wenn

1.

   die Gemeinde erklärt, dass ein Genehmigungsverfahren durchgeführt werden soll,

2.

   für das Vorhaben eine Pflicht zur Durchführung einer Umweltverträglichkeitsprüfung oder einer Vorprüfung nach dem Recht über die Umweltverträglichkeitsprüfung besteht oder

3.

   das Vorhaben nach seiner Art, Größe und Lage nahe oder innerhalb eines Betriebsbereichs im Sinne des § 3 Abs. 5 a des Bundes-Immissionsschutzgesetzes (BImSchG) dem Anwendungsbereich der

Richtlinie 2012/18/EU des Europäischen Parlaments und des Rates vom 4. Juli 2012 zur Beherrschung der Gefahren schwerer Unfälle mit gefährlichen Stoffen, zur Änderung und anschließenden Aufhebung der Richtlinie 96/82/EG des Rates (ABl. EU Nr. L 197 S. 1) in der jeweils geltenden Fassung unterfällt.

(2) Mit dem Vorhaben darf einen Monat nach Vorlage der erforderlichen Bauunterlagen bei der Gemeindeverwaltung begonnen werden; teilt die Gemeinde der Bauherrin oder dem Bauherrn vor Ablauf der Frist schriftlich mit, dass kein Genehmigungsverfahren durchgeführt werden soll, darf die Bauherrin oder der Bauherr bereits vor Ablauf der Monatsfrist mit dem Vorhaben beginnen. Nach Ablauf der Monatsfrist ist die Abgabe der Erklärung nach Absatz 1 Satz 2 ausgeschlossen. Die Gemeindeverwaltung leitet eine Ausfertigung der Bauunterlagen an die Bauaufsichtsbehörde weiter, soweit sie nicht selbst die Aufgaben der Bauaufsicht wahrnimmt.

(3) Die Gemeinde kann die Erklärung nach Absatz 1 Satz 2 abgeben, wenn sie beabsichtigt, eine Veränderungssperre nach § 14 BauGB zu beschließen oder eine Zurückstellung nach § 15 BauGB zu beantragen, oder wenn sie der Auffassung ist, dass dem Vorhaben öffentlich-rechtliche Vorschriften entgegenstehen. Erklärt die Gemeinde, dass ein Genehmigungsverfahren durchgeführt werden soll, hat sie der Bauherrin oder dem Bauherrn die vorgelegten Unterlagen zurückzureichen, es sei denn, die Bauherrin oder der Bauherr hat in der Vorlage zum Ausdruck gebracht, dass diese im Falle der Erklärung der Gemeinde nach Absatz 1 Satz 2 als Bauantrag zu behandeln ist.

(4) § 62 Abs. 3, § 63 Abs. 1 bis 3, § 66 Abs. 1 Satz 2 bis 4 und Abs. 6 und 7 sowie § 77 Abs. 2 und 3 gelten entsprechend.

(5) Liegen in den Fällen des § 66 Abs. 2 Satz 1 die Voraussetzungen des Absatzes 1 Satz 1 und keine Ausschlussgründe nach Absatz 1 Satz 2 vor, ist auf Verlangen der Bauherrin oder des Bauherrn ein Verfahren nach den Absätzen 1 bis 3 durchzuführen. § 62 Abs. 3, § 63 Abs. 1 bis 3, § 66 Abs. 2 Satz 2 sowie § 77 Abs. 2 und 3 gelten entsprechend. Die Sätze 1 und 2 gelten bei Vorhaben nach § 66 Abs. 2 Satz 1 Nr. 5 nur bis zu einer Größe von nicht mehr als 3 000 m^2 Nutzfläche; zudem ist der Bauaufsichtsbehörde spätestens bei Baubeginn eine Bescheinigung der Struktur- und Genehmigungsdirektion über die Vereinbarkeit des Vorhabens mit den Anforderungen der Arbeitsstättenverordnung und des Immissionsschutzrechts vorzulegen; ist die Überwachung der Einhaltung der Bestimmungen der Arbeitsstättenverordnung aufgrund des § 21 Abs. 4 des Arbeitsschutzgesetzes vom 7. August 1996 (BGBl. I S. 1246) in der jeweils geltenden Fassung auf einen Träger der gesetzlichen Unfallversicherung übertragen, ist insoweit eine Bescheinigung dieses Trägers der gesetzlichen Unfallversicherung vorzulegen.

(6) Das Recht zur Ausführung des Vorhabens erlischt, wenn innerhalb von vier Jahren nach Vorliegen der Voraussetzungen nach Absatz 2 Satz 1 mit dem Vorhaben nicht begonnen wurde oder die Ausführung vier Jahre unterbrochen worden ist; § 74 Abs. 1 Satz 2 gilt entsprechend.

§ 68
Beteiligung der Nachbarinnen und Nachbarn

(1) Nachbarinnen und Nachbarn sind die Eigentümerinnen und Eigentümer der angrenzenden Grundstücke. Die Bauherrin oder der Bauherr hat den Nachbarinnen und Nachbarn den Lageplan und die Bauzeichnungen zur Unterschrift vorzulegen, wenn Abweichungen von Bestimmungen erforderlich sind, die auch dem Schutz nachbarlicher Interessen dienen. Die Unterschrift gilt als Zustimmung. Wird eine Unterschrift verweigert, so hat die Bauherrin oder der Bauherr dies der Bauaufsichtsbehörde unter Angabe der Gründe mitzuteilen.

(2) Beabsichtigt die Bauaufsichtsbehörde von Bestimmungen, die auch dem Schutz nachbarlicher Interessen dienen, Abweichungen zuzulassen, so teilt sie dies den Nachbarinnen und Nachbarn mit, deren Zustimmung fehlt. Auf Verlangen ist diesen Einsicht in den Lageplan und in die Bauzeichnungen zu gewähren; hierauf ist in der Mitteilung hinzuweisen. Die Nachbarinnen und Nachbarn können innerhalb von zwei Wochen nach Zustellung der Mitteilung bei der Bauaufsichtsbehörde schriftlich oder zur Niederschrift Einwendungen erheben.

(3) Bei einer Mehrheit von Eigentümerinnen und Eigentümern eines angrenzenden Grundstücks genügt die Mitteilung an eine dieser Personen. Ist eine Eigentümerin oder ein Eigentümer nur unter Schwierigkeiten zu ermitteln oder zu erreichen, so genügt die Mitteilung an eine unmittelbare Besitzerin oder einen unmittelbaren Besitzer.

§ 69
Abweichungen

(1) Die Bauaufsichtsbehörde kann Abweichungen von bauaufsichtlichen Anforderungen nach diesem Gesetz und nach den aufgrund dieses Gesetzes erlassenen Vorschriften zulassen, wenn sie unter Berücksichtigung des Zwecks der jeweiligen Anforderungen und unter Würdigung der nachbarlichen Interessen mit den öffentlichen Belangen vereinbar sind, soweit in diesem Gesetz oder in den aufgrund dieses Gesetzes erlassenen Vorschriften nichts anderes bestimmt ist. Soll von einer technischen Anforderung abgewichen werden, ist der Bauaufsichtsbehörde nachzuweisen, dass dem Zweck dieser Anforderung auf andere Weise entsprochen wird.

(2) Soll bei baulichen Anlagen, die keiner Baugenehmigung bedürfen, von bauaufsichtlichen Anforderungen nach Absatz 1, von den Festsetzungen eines Bebauungsplans, einer sonstigen städtebaulichen Satzung oder nach § 34 Abs. 2 Halbsatz 2 BauGB von Bestimmungen der Baunutzungsverordnung über die zulässige Art der baulichen Nutzung abgewichen werden, so ist die Zulassung der Abweichung schriftlich zu beantragen. Die §§ 63, 65, 68, 70, 71 und 74 gelten entsprechend.

§ 70
Baugenehmigung

(1) Die Baugenehmigung ist zu erteilen, wenn dem Vorhaben keine

baurechtlichen oder sonstigen öffentlich-rechtlichen Vorschriften entgegenstehen. Die durch eine Umweltverträglichkeitsprüfung ermittelten, beschriebenen und bewerteten Umweltauswirkungen sind nach Maßgabe der hierfür geltenden Vorschriften zu berücksichtigen; § 66 Abs. 5 Satz 2 Halbsatz 1 ist nicht anzuwenden. Die Baugenehmigung wird unbeschadet privater Rechte Dritter erteilt und wirkt für und gegen die Rechtsnachfolgenden der Bauherrin oder des Bauherrn. Die Baugenehmigung bedarf der Schriftform (Bauschein); sie und ihre Nebenbestimmungen müssen nur insoweit begründet werden, als Einwendungen von Nachbarinnen und Nachbarn nicht entsprochen wird. Wird die Baugenehmigung mit Nebenbestimmungen erteilt, kann eine Sicherheitsleistung verlangt werden.

(2) Bauliche Anlagen, die nur für eine begrenzte Zeit errichtet werden sollen, können widerruflich oder befristet genehmigt werden. Die Baugenehmigung soll nur erteilt werden, wenn die Beseitigung bei Widerruf oder nach Fristablauf gesichert ist. Behelfsbauten, Werbeanlagen und Warenautomaten sowie bauliche Anlagen auf öffentlichen Verkehrs-, Versorgungs- und Grünflächen sowie auf Flächen, die als solche festgesetzt sind, dürfen nur widerruflich oder befristet genehmigt werden. Nach Widerruf oder nach Fristablauf sind die Anlagen ohne Entschädigung zu beseitigen; ein ordnungsgemäßer Zustand ist herzustellen.

(3) Die Baugenehmigung ist der Bauherrin oder dem Bauherrn mit den mit dem Genehmigungsvermerk versehenen Unterlagen zuzustellen. Haben Nachbarinnen oder Nachbarn Einwendungen erhoben, denen nicht entsprochen wird, oder haben sie sich innerhalb der Frist nach § 68 Abs. 2 Satz 3 nicht geäußert, so ist ihnen eine Ausfertigung des Bauscheins mit Rechtsbehelfsbelehrung zuzustellen.

(4) Die Gemeindeverwaltung ist von der Entscheidung der Bauaufsichtsbehörde zu benachrichtigen. Wird die Baugenehmigung erteilt, so sind ihr eine Abschrift des Bauscheins sowie je eine Ausfertigung der mit dem Genehmigungsvermerk versehenen Bauunterlagen zu übersenden.

(5) Bei Anlagen und Räumen, die für gewerbliche Betriebe bestimmt sind, ist die Gewerbeaufsicht von der Entscheidung der Bauaufsichtsbehörde zu benachrichtigen. Absatz 4 Satz 2 gilt entsprechend.

(6) Bedarf das Vorhaben nach seiner Art, Größe und Lage nahe oder innerhalb eines Betriebsbereichs im Sinne des § 3 Abs. 5 a BImSchG gemäß der Richtlinie 2012/18/EU einer Öffentlichkeitsbeteiligung, ist diese nach Maßgabe der hierfür geltenden Vorschriften durchzuführen. Auf Vorhaben, die im Sinne des Satzes 1 dem Anwendungsbereich der Richtlinie 2012/18/EU unterfallen, ist § 66 Abs. 5 Satz 2 Halbsatz 1 nicht anzuwenden.

(7) Die Genehmigung nach § 7 des Atomgesetzes schließt die Baugenehmigung ein.

§ 71
Ersetzung des gemeindlichen Einvernehmens

(1) Hat eine Gemeinde, die nicht untere Bauaufsichtsbehörde ist, ihr nach § 14

Abs. 2 Satz 2, § 22 Abs. 5 Satz 1 oder § 36 Abs. 1 Satz 1 BauGB erforderliches Einvernehmen rechtswidrig versagt, ist das Einvernehmen der Gemeinde im bauaufsichtlichen Verfahren nach Maßgabe der Absätze 2 bis 5 zu ersetzen.

(2) Die Baugenehmigung ersetzt das rechtswidrig versagte Einvernehmen der Gemeinde und gilt zugleich als Ersatzvornahme im Sinne des § 123 der Gemeindeordnung; sie ist insoweit zu begründen. Hat gemäß § 58 Abs. 1 Satz 2 eine Verbandsgemeindeverwaltung über die Baugenehmigung zu entscheiden, kann das rechtswidrig versagte Einvernehmen einer Ortsgemeinde nur nach Absatz 5 im Widerspruchsverfahren ersetzt werden.

(3) Wird die Baugenehmigung erteilt, findet § 121 der Gemeindeordnung keine Anwendung. Die Gemeinde ist vor der Entscheidung anzuhören; dabei ist ihr Gelegenheit zu geben, binnen angemessener Frist erneut über das gemeindliche Einvernehmen zu entscheiden.

(4) Die Baugenehmigung kann, soweit sie als Ersatzvornahme gilt, nicht gesondert nach § 126 der Gemeindeordnung angefochten werden. Entfällt nach § 80 Abs. 2 Satz 1 Nr. 3 oder 4 der Verwaltungsgerichtsordnung die aufschiebende Wirkung von Widerspruch und Anfechtungsklage gegen die Baugenehmigung, haben diese Rechtsbehelfe auch insoweit keine aufschiebende Wirkung, als die Baugenehmigung als Ersatzvornahme gilt. Den Widerspruchsbescheid erlässt der Kreisrechtsausschuss.

(5) Wird die Baugenehmigung versagt, ist das rechtswidrig versagte Einvernehmen der Gemeinde im Widerspruchsverfahren durch Erteilung der Baugenehmigung gemäß Absatz 2 Satz 1 zu ersetzen; die Absätze 3 und 4 gelten für das Widerspruchsverfahren entsprechend. Für die Beteiligung der Gemeinde in diesem Widerspruchsverfahren finden § 65 Abs. 2 und § 121 der Verwaltungsgerichtsordnung entsprechende Anwendung.

§ 72
Bauvorbescheid

Vor Einreichung des Bauantrags kann die Bauherrin oder der Bauherr zu einzelnen Fragen des Vorhabens einen schriftlichen Bescheid (Bauvorbescheid) beantragen; bei Vorhaben, für die ein vereinfachtes Genehmigungsverfahren nach § 66 durchgeführt werden kann, beschränkt sich der Bauvorbescheid auf Fragen, die nach § 66 Abs. 4 zu prüfen sind, sowie auf die Zulässigkeit von Abweichungen nach § 69. Der Bauvorbescheid gilt vier Jahre, wenn er nicht kürzer befristet ist. Die §§ 63, 65 und 68 bis 71 sowie § 74 Abs. 2 gelten entsprechend.

§ 73
Teilbaugenehmigung

(1) Ist ein Bauantrag eingereicht, so kann der Beginn der Bauarbeiten für die Baugrube und für einzelne Teile oder Bauabschnitte des Vorhabens auf schriftlichen Antrag schon vor Erteilung der Baugenehmigung genehmigt werden (Teilbaugenehmigung); die §§ 63 bis 71 gelten entsprechend.

(2) In der Baugenehmigung können, ungeachtet der Teilbaugenehmigung, für bereits ausgeführte Teile oder Bauabschnitte zusätzliche Anforderungen gestellt

werden, wenn sich bei der weiteren Prüfung der Bauunterlagen ergibt, dass diese Anforderungen zum Schutz der öffentlichen Sicherheit oder Ordnung erforderlich sind.

§ 74
Geltungsdauer der Baugenehmigung

(1) Die Baugenehmigung und die Teilbaugenehmigung erlöschen, wenn innerhalb von vier Jahren nach ihrer Zustellung mit der Ausführung des Vorhabens nicht begonnen oder die Ausführung vier Jahre unterbrochen worden ist. Die Ausführung eines Vorhabens gilt nur dann als begonnen oder als nicht unterbrochen, wenn innerhalb der Frist wesentliche Bauarbeiten ausgeführt wurden.

(2) Die Frist nach Absatz 1 kann auf schriftlichen Antrag jeweils bis zu vier Jahre verlängert werden. Sie kann auch rückwirkend verlängert werden, wenn der Antrag vor Fristablauf bei der Bauaufsichtsbehörde eingegangen ist. Die Verlängerung kann mit neuen Nebenbestimmungen verbunden werden. Der Bescheid über die Verlängerung ist der Bauherrin oder dem Bauherrn zuzustellen; § 70 Abs. 4 und 5 gilt entsprechend.

§ 75
Typenprüfung

(1) Für bauliche Anlagen oder Teile baulicher Anlagen, die in derselben Ausführung an mehreren Stellen errichtet oder verwendet werden sollen, können die Nachweise der Standsicherheit einschließlich der Feuerwiderstandsfähigkeit der Bauteile sowie des Brand-, Wärme- und Schallschutzes allgemein geprüft werden (Typenprüfung). Eine Typenprüfung kann auch erteilt werden für bauliche Anlagen, die in unterschiedlicher Ausführung, aber nach einem bestimmten System und aus bestimmten Bauteilen an mehreren Stellen errichtet werden sollen; in der Typenprüfung ist die zulässige Veränderbarkeit festzulegen. Für Fliegende Bauten wird eine Typenprüfung nicht erteilt.

(2) Die Typenprüfung wird auf schriftlichen Antrag von einem Prüfamt für Baustatik durchgeführt. Soweit die Typenprüfung ergibt, dass die Ausführung den öffentlich-rechtlichen Vorschriften entspricht und für den jeweiligen Verwendungszweck brauchbar ist, ist dies durch Bescheid festzustellen. Die Typenprüfung wird widerruflich und für eine bestimmte Frist erteilt, die fünf Jahre nicht überschreiten soll; sie kann auf schriftlichen Antrag um jeweils bis zu fünf Jahre verlängert werden. Eine Ausfertigung der mit dem Genehmigungsvermerk versehenen Bauunterlagen ist der antragstellenden Person mit der Typenprüfung zuzustellen. § 69 gilt entsprechend.

(3) Typenprüfungen anderer Länder der Bundesrepublik Deutschland gelten auch im Land Rheinland-Pfalz.

(4) Eine Typenprüfung entbindet nicht von der Verpflichtung, eine Baugenehmigung einzuholen. Die Bauaufsichtsbehörde braucht eine Prüfung nur insoweit vorzunehmen, als diese nicht bereits nach den Absätzen 1 und 2 erfolgt ist. Sie kann im Einzelfall weitere Auflagen machen oder die

Verwendung genehmigter Typen ausschließen, wenn dies nach den örtlichen Verhältnissen erforderlich ist.

§ 76
Fliegende Bauten

(1) Fliegende Bauten sind bauliche Anlagen, die dazu geeignet und bestimmt sind, an verschiedenen Orten wiederholt aufgestellt und zerlegt zu werden. Baustelleneinrichtungen und Gerüste gelten nicht als Fliegende Bauten.

(2) Fliegende Bauten bedürfen, bevor sie erstmals aufgestellt und in Gebrauch genommen werden, einer Ausführungsgenehmigung. Dies gilt nicht für

1.

Fliegende Bauten bis zu 5 m Höhe, die nicht dazu bestimmt sind, von Besucherinnen und Besuchern betreten zu werden,

2.

erdgeschossige Zelte und betretbare Verkaufsstände, die Fliegende Bauten sind, bis zu einer Grundfläche von 75 m² ,

3.

Kinderfahrgeschäfte mit einer Geschwindigkeit von weniger als 1 m/s und weniger als 5 m Höhe,

4.

aufblasbare Spielgeräte mit einer Höhe des betretbaren Bereichs von bis zu 5 m oder mit überdachten Bereichen, bei denen die Entfernung zum Ausgang nicht mehr als 3 m, oder, sofern ein Absinken der Überdachung konstruktiv verhindert wird, nicht mehr als 10 m, beträgt,

5.

Bühnen, wenn ihre Grundfläche weniger als 100 m², ihre Fußbodenhöhe weniger als 1,50 m und ihre Höhe einschließlich der Überdachungen und sonstigen Aufbauten weniger als 5 m beträgt,

6.

Toilettenwagen.

(3) Die Ausführungsgenehmigung wird von der oberen Bauaufsichtsbehörde oder der nach Absatz 4 bestimmten Stelle erteilt, in deren Bereich die antragstellende Person ihren Wohnsitz oder ihre gewerbliche Niederlassung hat. Hat sie ihren Wohnsitz oder ihre gewerbliche Niederlassung außerhalb der Bundesrepublik Deutschland, so ist die Bauaufsichtsbehörde oder die nach

Absatz 4 bestimmte Stelle zuständig, in deren Bereich der Fliegende Bau erstmals aufgestellt und in Gebrauch genommen werden soll. § 59 Abs. 3, § 63 Abs. 2 und 3 sowie die §§ 65 und 69 gelten entsprechend.

(4) Das fachlich zuständige Ministerium kann durch Rechtsverordnung Stellen bestimmen, die die Ausführungsgenehmigung erteilen und Aufgaben und Befugnisse der Bauaufsichtsbehörde nach den Absätzen 7 bis 9 wahrnehmen, und die Vergütung dieser Stellen regeln.

(5) Die Ausführungsgenehmigung wird für eine bestimmte Frist erteilt, die fünf Jahre nicht überschreiten soll. Die Frist kann auf schriftlichen Antrag von der für die Erteilung der Ausführungsgenehmigung zuständigen Behörde oder der nach Absatz 4 bestimmten Stelle jeweils bis zu fünf Jahre verlängert werden; § 74 Abs. 2 Satz 2 und 3 gilt entsprechend. Die Genehmigungen werden in ein Prüfbuch eingetragen, dem eine Ausfertigung der mit einem Genehmigungsvermerk zu versehenden Bauunterlagen beizufügen ist. Ausführungsgenehmigungen anderer Länder der Bundesrepublik Deutschland gelten auch im Land Rheinland-Pfalz.

(6) Wer eine Ausführungsgenehmigung innehat, hat den Wechsel seines Wohnsitzes oder seiner gewerblichen Niederlassung oder die Übertragung eines Fliegenden Baus an Dritte der Bauaufsichtsbehörde oder der nach Absatz 4 bestimmten Stelle anzuzeigen, die die Ausführungsgenehmigung erteilt hat. Die Behörde oder die nach Absatz 4 zuständige Stelle hat die Änderungen in das Prüfbuch einzutragen und diese, wenn mit den Änderungen ein Wechsel der Zuständigkeit verbunden ist, der nunmehr zuständigen Behörde oder Stelle mitzuteilen.

(7) Fliegende Bauten, die einer Ausführungsgenehmigung bedürfen, dürfen unbeschadet anderer Vorschriften nur in Gebrauch genommen werden, wenn ihre Aufstellung der Bauaufsichtsbehörde des Aufstellungsorts unter Vorlage des Prüfbuchs angezeigt ist und die Fliegenden Bauten von ihr abgenommen sind (Gebrauchsabnahme). Die Bauaufsichtsbehörde kann im Einzelfall auf die Gebrauchsabnahme verzichten. Das Ergebnis der Gebrauchsabnahme ist in das Prüfbuch einzutragen.

(8) Die Bauaufsichtsbehörde des Aufstellungsorts kann Auflagen machen oder die Aufstellung oder den Gebrauch Fliegender Bauten untersagen, wenn dies nach den örtlichen Verhältnissen oder sonst zur Abwehr von Gefahren für die öffentliche Sicherheit oder Ordnung erforderlich ist, insbesondere weil die Betriebssicherheit oder die Standsicherheit nicht oder nicht mehr gewährleistet ist oder weil von der Ausführungsgenehmigung abgewichen wurde. Wird die Aufstellung oder der Gebrauch wegen Mängeln untersagt, so ist dies in das Prüfbuch einzutragen. Ist die Behebung der Mängel innerhalb angemessener Frist nicht zu erwarten, so ist das Prüfbuch einzuziehen und der für die Erteilung der Ausführungsgenehmigung zuständigen Behörde oder Stelle zuzuleiten.

(9) Bei Fliegenden Bauten, die längere Zeit an demselben Aufstellungsort betrieben werden, kann die Bauaufsichtsbehörde des Aufstellungsorts Nachabnahmen anordnen und vornehmen. Das Ergebnis der Nachabnahmen ist

in das Prüfbuch einzutragen.

(10) Die Führung des Prüfbuchs in elektronischer Form ist ausgeschlossen.

§ 77
Baubeginn

(1) Mit der Ausführung genehmigungsbedürftiger Vorhaben einschließlich des Aushubs der Baugrube darf erst begonnen werden, wenn

1.
   die Baugenehmigung oder Teilbaugenehmigung zugestellt worden ist oder durch Fristablauf nach § 66 Abs. 5 Satz 5 oder § 73 Abs. 1 Halbsatz 2 als erteilt gilt und

2.
   die Bauherrin oder der Bauherr den Beginn der Bauarbeiten der Bauaufsichtsbehörde mindestens eine Woche vorher schriftlich mitgeteilt hat; dies gilt auch für die Wiederaufnahme von Bauarbeiten nach einer Unterbrechung von mehr als drei Monaten.

Satz 1 Nr. 2 gilt für Vorhaben nach § 67 entsprechend.

(2) Vor Baubeginn muss die Grundfläche der baulichen Anlage abgesteckt und ihre Höhenlage festgestellt sein. Die Bauaufsichtsbehörde kann verlangen, dass die Absteckung und die Festlegung der Höhenlage durch sachverständige Personen oder Stellen vorgenommen oder vor Baubeginn abgenommen werden.

(3) Baugenehmigung und Bauunterlagen müssen an der Baustelle von Baubeginn an vorliegen.

§ 78
Bauüberwachung

(1) Die Bauaufsichtsbehörde kann die Einhaltung der öffentlich-rechtlichen Vorschriften und Anforderungen sowie die ordnungsgemäße Erfüllung der Pflichten der am Bau Beteiligten überprüfen. Auf Verlangen der Bauaufsichtsbehörde hat die Bauherrin oder der Bauherr die Verwendbarkeit der Bauprodukte und die Anwendbarkeit der Bauarten nachzuweisen. Die Bauaufsichtsbehörde und die von ihr Beauftragten können Proben von Bauprodukten, soweit erforderlich auch aus fertigen Bauteilen, entnehmen und prüfen oder prüfen lassen.

(2) Die Fertigstellung des Rohbaus und die abschließende Fertigstellung genehmigungsbedürftiger baulicher Anlagen sind der Bauaufsichtsbehörde von der Bauherrin oder dem Bauherrn jeweils zwei Wochen vorher anzuzeigen, um ihr eine Besichtigung des Bauzustands zu ermöglichen; bei Anlagen mit Schornsteinen ist die Fertigstellung des Rohbaus auch der bevollmächtigten

Bezirksschornsteinfegerin oder dem bevollmächtigten Bezirksschornsteinfeger anzuzeigen. Die abschließende Fertigstellung baulicher Anlagen, für die das Freistellungsverfahren nach § 67 durchgeführt wurde, ist der Bauaufsichtsbehörde von der Bauherrin oder dem Bauherrn zwei Wochen vorher anzuzeigen, um ihr eine Besichtigung des Bauzustands zu ermöglichen. Hat die Bauherrin oder der Bauherr Bescheinigungen sachverständiger Personen nach § 65 Abs. 4 vorgelegt, sind mit der Anzeige über die abschließende Fertigstellung Bescheinigungen dieser Personen einzureichen, dass sie die Bauausführung bezüglich der von ihnen zu verantwortenden Bauunterlagen überwacht haben. In den Fällen des § 66 Abs. 1 und des § 67 Abs. 1 gilt Satz 3 sinngemäß hinsichtlich einer Erklärung der Person, die den Standsicherheitsnachweis aufgestellt hat.

(3) Der Rohbau ist fertig gestellt, wenn die tragenden Teile, Schornsteine, Brandwände, Treppenräume und die Dachkonstruktion vollendet sind. Zur Besichtigung des Rohbaus sind die Bauteile, die für die Standsicherheit und, soweit möglich, die Bauteile, die für den Brandschutz, den Wärme- und den Schallschutz sowie für die Abwasserbeseitigung wesentlich sind, derart offen zu halten, dass Maße und Ausführungsart geprüft werden können. Die abschließende Fertigstellung umfasst auch die Fertigstellung der Wasserversorgungs- und Abwasserbeseitigungsanlagen.

(4) Ob und in welchem Umfang eine Besichtigung nach Absatz 2 Satz 1 oder 2 durchgeführt wird, liegt im Ermessen der Bauaufsichtsbehörde. Über das Ergebnis der Besichtigung ist auf Verlangen der Bauherrin oder des Bauherrn eine Bescheinigung auszustellen.

(5) Mit dem Innenausbau darf erst einen Tag nach dem in der Anzeige nach Absatz 2 Satz 1 genannten Zeitpunkt der Fertigstellung des Rohbaus begonnen werden, soweit die Bauaufsichtsbehörde nicht einem früheren Beginn des Innenausbaus zugestimmt hat.

(6) Die Bauaufsichtsbehörde kann verlangen, dass bestimmte Arbeiten erst fortgesetzt oder Anlagen erst benutzt werden, wenn sie von ihr oder einer von ihr beauftragten Person geprüft worden sind.

(7) Die Bauaufsichtsbehörde kann über Absatz 2 hinaus verlangen, dass ihr oder einer von ihr beauftragten Person Beginn und Beendigung bestimmter Bauarbeiten angezeigt werden. Sie kann ferner die Vorlage von Bescheinigungen bestimmter sachverständiger Personen oder Stellen verlangen, dass bestimmte Bauteile oder Bauarbeiten entsprechend den Bauunterlagen ordnungsgemäß ausgeführt sind.

(8) Den mit der Überprüfung beauftragten Personen ist jederzeit Einblick in die Genehmigungen, Zulassungen, Prüfzeugnisse, Übereinstimmungserklärungen, Übereinstimmungszertifikate, Überwachungsnachweise, Befähigungsnachweise, Zeugnisse und Aufzeichnungen über die Prüfungen von Bauprodukten und Bauarten, in die Bautagebücher und in andere vorgeschriebene Aufzeichnungen zu gewähren.

(9) Die Bauherrin oder der Bauherr hat für die Besichtigungen und die damit verbundenen Prüfungen die erforderlichen Arbeitskräfte und Geräte

bereitzustellen. Die mit der Baugenehmigungsgebühr nicht abgegoltenen Kosten der Bauüberwachung, insbesondere für die Entnahme und Prüfung von Bauprodukten und Bauarten sowie für die Heranziehung sachverständiger Personen und Stellen, fallen der Bauherrin oder dem Bauherrn zur Last.

§ 79
Benutzung der baulichen Anlagen

(1) Eine bauliche Anlage darf erst benutzt werden, wenn sie ordnungsgemäß fertig gestellt und sicher benutzbar ist. Genehmigungsbedürftige bauliche Anlagen und bauliche Anlagen, für die das Freistellungsverfahren nach § 67 durchgeführt wurde, dürfen frühestens eine Woche nach dem in der Anzeige nach § 78 Abs. 2 Satz 1 oder 2 genannten Zeitpunkt der abschließenden Fertigstellung benutzt werden. Die Bauaufsichtsbehörde soll auf Antrag zulassen, dass die bauliche Anlage ganz oder teilweise schon früher benutzt wird, wenn wegen der öffentlichen Sicherheit oder Ordnung keine Bedenken bestehen.

(2) Bei der Errichtung oder Änderung von Feuerungsanlagen muss sich die Bauherrin oder der Bauherr vor der Inbetriebnahme die sichere Benutzbarkeit der Abgasanlagen und der Anschlüsse der Feuerstätten durch die bevollmächtigte Bezirksschornsteinfegerin oder den bevollmächtigten Bezirksschornsteinfeger bescheinigen lassen.

§ 80
Baueinstellung

(1) Werden Bauarbeiten im Widerspruch zu baurechtlichen oder sonstigen öffentlich-rechtlichen Vorschriften ausgeführt oder werden Bauprodukte verwendet, die unberechtigt mit dem CE-Zeichen (§ 18 Abs. 1 Satz 1 Nr. 2) oder dem Ü-Zeichen (§ 23 Abs. 4) gekennzeichnet sind, so kann die Bauaufsichtsbehörde die Einstellung dieser Arbeiten anordnen.

(2) Werden Bauarbeiten trotz einer angeordneten Einstellung fortgesetzt, so kann die Bauaufsichtsbehörde die Baustelle versiegeln und die an der Baustelle vorhandenen Bauprodukte, Hilfsmittel, Gerüste, Maschinen und ähnliche Gegenstände auf Kosten der Bauherrin oder des Bauherrn sicherstellen. § 22 Nr. 1 sowie die §§ 23 bis 25 des Polizei- und Ordnungsbehördengesetzes gelten entsprechend.

§ 81
Beseitigungsanordnung und Benutzungsuntersagung

Verstoßen bauliche Anlagen oder andere Anlagen und Einrichtungen im Sinne des § 1 Abs. 1 Satz 2 gegen baurechtliche oder sonstige öffentlich-rechtliche Vorschriften über die Errichtung, die Änderung, die Instandhaltung oder die Nutzungsänderung dieser Anlagen, so kann die Bauaufsichtsbehörde deren teilweise oder vollständige Beseitigung auf Kosten der nach § 54 verantwortlichen Personen anordnen oder die Benutzung der Anlagen untersagen, wenn nicht auf andere Weise rechtmäßige Zustände hergestellt werden können. Die Bauaufsichtsbehörde kann verlangen, dass ein Bauantrag gestellt wird. Beseitigungsanordnung und Benutzungsuntersagung gelten auch gegenüber den Rechtsnachfolgenden.

§ 82
Abbruch verfallender baulicher Anlagen

Soweit bauliche Anlagen nicht genutzt werden und im Verfall begriffen sind, kann die Bauaufsichtsbehörde die nach § 54 Abs. 2 verantwortlichen Personen verpflichten, die Anlage abzubrechen oder zu beseitigen; die Bestimmungen des Denkmalschutzgesetzes bleiben unberührt. Für die Grundstücke gilt § 10 Abs. 4 entsprechend.

§ 83
Vorhaben des Bundes und der Länder

(1) Vorhaben des Bundes und der Länder sowie ihrer rechtsfähigen Anstalten, Körperschaften und Stiftungen bedürfen anstelle der Baugenehmigung der Zustimmung der Bauaufsichtsbehörde, wenn sie unter der Leitung eigener geeigneter Fachkräfte vorbereitet und ausgeführt werden.

(2) Der Antrag auf Zustimmung ist bei der Gemeindeverwaltung einzureichen; § 63 gilt entsprechend. Die bautechnischen Nachweise brauchen nicht vorgelegt zu werden.

(3) Für das Zustimmungsverfahren gelten die §§ 65 und 66 Abs. 4 sowie die §§ 68 bis 74 entsprechend. Über die Zulässigkeit von Abweichungen nach § 69 entscheidet die Bauaufsichtsbehörde. Eine Bauüberwachung findet nicht statt.

(4) Vorhaben, die der Landesverteidigung dienen, sind der oberen Bauaufsichtsbehörde vor Baubeginn in geeigneter Weise zur Kenntnis zu bringen; ist für ein solches Vorhaben eine Umweltverträglichkeitsprüfung oder eine Vorprüfung nach dem Recht über die Umweltverträglichkeitsprüfung durchzuführen, bedarf es der Zustimmung der oberen Bauaufsichtsbehörde; § 70 Abs. 1 Satz 2 gilt entsprechend. Die Absätze 1 bis 3 sind nicht anzuwenden. Auf Fliegende Bauten, die der Landesverteidigung dienen, ist § 76 Abs. 2 bis 9 nicht anzuwenden.

§ 84
Der Bauaufsicht nicht unterliegende Vorhaben

Wenn nach anderen Rechtsvorschriften eine Genehmigung, Bewilligung oder Erlaubnis erforderlich ist, bedürfen keines bauaufsichtlichen Verfahrens:

1.

    Anlagen in und an oberirdischen Gewässern, Anlagen der Gewässerbenutzung, der Gewässerunterhaltung und des Gewässerausbaus sowie Deiche und Dämme; ausgenommen sind Gebäude,

2.

    Wasserversorgungs- und Abwasseranlagen,

3.

    Entwässerungs- und Bewässerungsanlagen,

4.

    Abfallentsorgungsanlagen,

5.

    Anlagen für das Fernmeldewesen und Anlagen für die öffentliche Versorgung mit Elektrizität, Gas und Wärme; ausgenommen sind oberirdische Anlagen mit mehr als 50 m³ umbauten Raums oder Behälterinhalt sowie Gebäude,

6.

    Aufschüttungen und Abgrabungen im Außenbereich, die unter die Naturschutz- und Wassergesetze von Bund und Land oder das Landesgesetz über den Abbau und die Verwertung von Bimsvorkommen fallen,

7.

    überwachungsbedürftige Anlagen nach § 34 des Produktsicherheitsgesetzes,

8.

    Anlagen, die im Rahmen eines Flurbereinigungsverfahrens außerhalb der im Zusammenhang bebauten Ortsteile errichtet werden, mit Ausnahme von Gebäuden.

Die für den Vollzug dieser Rechtsvorschriften zuständigen Behörden nehmen die Aufgaben nach § 69 wahr.

§ 85
Nachträgliche Anforderungen

(1) Bei rechtmäßig begonnenen oder bestehenden baulichen Anlagen sowie anderen Anlagen und Einrichtungen im Sinne des § 1 Abs. 1 Satz 2 können nachträglich Anforderungen nur gestellt werden, wenn dies zur Abwehr von erheblichen Gefahren für die öffentliche Sicherheit, insbesondere für Leben oder Gesundheit, erforderlich ist. Bei Gefahr im Verzug kann bis zur Erfüllung dieser Anforderungen die Benutzung der Anlagen und Einrichtungen eingeschränkt oder untersagt werden.

(2) Sollen rechtmäßig bestehende bauliche Anlagen, andere Anlagen oder Einrichtungen wesentlich geändert werden, so kann gefordert werden, dass auch die nicht unmittelbar berührten Teile mit den baurechtlichen und

sonstigen öffentlich-rechtlichen Vorschriften in Einklang gebracht werden, wenn dies keine unzumutbaren Mehrkosten verursacht.

§ 86
Baulasten

(1) Die Person, die das Eigentum an dem Grundstück innehat, kann durch Erklärung gegenüber der Bauaufsichtsbehörde öffentlich-rechtliche Verpflichtungen zu einem ihr Grundstück betreffenden Tun, Dulden oder Unterlassen übernehmen, die sich nicht schon aus öffentlich-rechtlichen Vorschriften ergeben (Baulast). Baulasten werden unbeschadet der Rechte Dritter mit der Eintragung in das Baulastenverzeichnis wirksam und wirken auch gegenüber den Rechtsnachfolgenden.

(2) Die Erklärung nach Absatz 1 bedarf der Schriftform. Eine Erklärung in elektronischer Form ist ausgeschlossen. Die Unterschrift muss öffentlich beglaubigt oder vor der Bauaufsichtsbehörde geleistet oder vor ihr anerkannt werden.

(3) Das Baulastenverzeichnis wird von der Bauaufsichtsbehörde geführt. In das Baulastenverzeichnis können auch Auflagen, Bedingungen, Befristungen und Widerrufsvorbehalte eingetragen werden. Eintragungen in das Baulastenverzeichnis sind dem zuständigen Vermessungs- und Katasteramt zum Zweck der Aufnahme eines Hinweises in das Liegenschaftskataster mitzuteilen.

(4) Die Baulast geht durch schriftlichen Verzicht der Bauaufsichtsbehörde unter. Der Verzicht ist zu erklären, wenn ein öffentliches Interesse an der Baulast nicht mehr besteht. Vor dem Verzicht sollen die durch die Baulast verpflichteten und begünstigten Personen gehört werden. Der Verzicht wird mit der Eintragung in das Baulastenverzeichnis wirksam; von der Eintragung sollen die verpflichteten und begünstigten Personen benachrichtigt werden.

(5) Wer ein berechtigtes Interesse darlegt, kann in das Baulastenverzeichnis Einsicht nehmen und sich Abschriften erteilen lassen.

Siebter Teil
Ermächtigungen, Ordnungswidrigkeiten, Übergangs- und Schlussbestimmungen

§ 87
Ermächtigung zum Erlass von Rechts- und Verwaltungsvorschriften

(1) Zur Verwirklichung der allgemeinen Anforderungen nach § 3 kann das fachlich zuständige Ministerium durch Rechtsverordnung Vorschriften erlassen über

1.

    die nähere Bestimmung der Anforderungen in den §§ 6 bis 17, 27 bis 49, 52 und 53,

2.

den Nachweis der Befähigung der in § 18 Abs. 5 genannten Personen; dabei können Mindestanforderungen an die Ausbildung, die durch Prüfung nachzuweisende Befähigung und die Ausbildungsstätten einschließlich der Anerkennungsvoraussetzungen gestellt werden,

3.

die Überwachung der Tätigkeiten nach § 18 Abs. 6; dabei können für die Überwachungsstellen über die in § 26 Satz 1 Nr. 5 festgelegten Mindestanforderungen hinaus weitere Anforderungen im Hinblick auf die besonderen Eigenschaften und die besondere Verwendung der Bauprodukte gestellt werden,

4.

die nähere Bestimmung allgemeiner Anforderungen in § 39, insbesondere über Feuerungsanlagen und Anlagen zur Verteilung von Wärme oder zur Warmwasserversorgung sowie über deren Betrieb, über Brennstoffleitungsanlagen, über Aufstellräume für Feuerstätten, Verbrennungsmotore und Verdichter, über die Lagerung von Brennstoffen sowie über die Anwendung solcher Anforderungen auf bestehende bauliche Anlagen; dabei können Erleichterungen unter bestimmten Voraussetzungen allgemein für zulässig erklärt und es kann vorgesehen werden, dass für Feuerungsanlagen besonderer Art andere Anforderungen gestellt werden können,

5.

besondere Anforderungen oder Erleichterungen, die sich aus der besonderen Art oder Nutzung der baulichen Anlagen und Räume für ihre Errichtung, Änderung, Instandhaltung, Nutzung und ihren Betrieb ergeben (§§ 50 und 51) sowie über die Anwendung solcher Anforderungen auf bestehende bauliche Anlagen,

6.

eine von Zeit zu Zeit zu wiederholende Nachprüfung von Anlagen oder Einrichtungen, die zur Verhütung erheblicher Gefahren oder Nachteile ständig ordnungsgemäß instand gehalten werden müssen, und die Erstreckung dieser Nachprüfungspflicht auf bestehende Anlagen oder Einrichtungen,

7.

die Anwesenheit von Fachleuten beim Betrieb technisch schwieriger Anlagen und Einrichtungen, wie Bühnenbetriebe und technisch schwierige Fliegende Bauten,

8.

    den Nachweis der Befähigung der in Nummer 7 genannten Fachleute,

9.

    die Durchführung von Verordnungen, Richtlinien, Entscheidungen oder Beschlüssen des Rates oder der Kommission, die sich auf Bauprodukte oder Bauarten nach den §§ 18 bis 26 beziehen.

(2) Das fachlich zuständige Ministerium kann durch Rechtsverordnung Vorschriften erlassen über

1.

    Umfang, Inhalt, Zahl und Beschaffenheit der Bauunterlagen sowie die Verwendung von Vordrucken,

2.

    die erforderlichen Anträge, Anzeigen, Nachweise und Bescheinigungen,

3.

    die Übermittlung personenbezogener Daten an Behörden außerhalb des Baugenehmigungsverfahrens zur Erfüllung der ihnen gesetzlich zugewiesenen Aufgaben,

4.

    das Verfahren im Einzelnen.

Es kann dabei für verschiedene Arten von Bauvorhaben unterschiedliche Anforderungen und Verfahren festlegen.

(3) Das fachlich zuständige Ministerium kann, hinsichtlich der Nummern 2 und 3 im Einvernehmen mit dem für die Aufsicht über die Ingenieurkammer Rheinland-Pfalz zuständigen Ministerium, durch Rechtsverordnung vorschreiben,

1.

    dass zum Nachweis der ordnungsgemäßen Bauausführung von Entwurfsverfasserinnen oder Entwurfsverfassern, Unternehmen, sachverständigen Personen oder Behörden erstellte Bescheinigungen, Bestätigungen oder Nachweise über die Einhaltung bauaufsichtlicher Anforderungen vorzulegen sind,

2.

wie das Verfahren für die Eintragung in die von der Ingenieurkammer Rheinland-Pfalz nach § 64 Abs. 2 Nr. 2 und § 66 Abs. 6 zu führenden Listen durchzuführen ist und welche Nachweise vorzulegen sind; dabei können auch Regelungen über Gebühren für die Eintragung getroffen werden,

3.

dass Personen nach § 64 Abs. 2 Nr. 2 und § 66 Abs. 6 sich einer laufenden Fortbildung unterziehen und ausreichend haftpflichtversichert sein müssen sowie unter welchen Voraussetzungen die Eintragung in die Liste nach § 64 Abs. 2 Nr. 2 und § 66 Abs. 6 zu löschen ist.

(4) Das fachlich zuständige Ministerium kann zur Vereinfachung oder Beschleunigung des Baugenehmigungsverfahrens oder zur Entlastung der Bauaufsichtsbehörden durch Rechtsverordnung Vorschriften erlassen über

1.

weitere und weitergehende Ausnahmen von den Erfordernissen der Baugenehmigung,

2.

den vollständigen oder teilweisen Wegfall der bautechnischen Prüfung bei bestimmten Arten von Bauvorhaben,

3.

die Heranziehung von sachverständigen Personen oder Stellen und die Übertragung von Prüfaufgaben der Bauaufsichtsbehörde im Rahmen des bauaufsichtlichen Verfahrens einschließlich der Bauüberwachung auf sachverständige Personen oder Stellen; insoweit kann es für die sachverständigen Personen oder Stellen

a)

bestimmte Mindestanforderungen an die Fachkenntnisse sowie in zeitlicher und sachlicher Hinsicht an die Berufserfahrung festlegen,

b)

durch Prüfungen nachzuweisende Befähigungen, den Nachweis der persönlichen Zuverlässigkeit sowie eine ausreichende Haftpflichtversicherung fordern,

c)

Altersgrenzen festlegen,

d)

    eine laufende Fortbildung vorschreiben,

e)

    die sonstigen Voraussetzungen festlegen, die sie zu erfüllen haben,

f)

    eine besondere Anerkennung vorschreiben sowie das Verfahren und die Voraussetzungen für die Anerkennung, ihren Widerruf, ihre Rücknahme und ihr Erlöschen regeln,

g)

    das Verfahren regeln, nach dem die übertragenen Aufgaben wahrzunehmen sind, und

h)

    unter Berücksichtigung des Schwierigkeitsgrads der Tätigkeit, des Zeitaufwands oder anderer zweckdienlicher Bemessungsgrundlagen Regelungen über deren Vergütung treffen sowie

für die Verantwortlichen nach den §§ 56 bis 57 Regelungen entsprechend den Buchstaben a bis e treffen.

(5) Das fachlich zuständige Ministerium kann für sachverständige Personen nach § 65 Abs. 4 Satz 1 durch Rechtsverordnung Vorschriften erlassen über

1.

    die Fachbereiche, in denen sie tätig werden,

2.

    die Anforderungen, insbesondere in Bezug auf deren Ausbildung, Fachkenntnisse, Berufserfahrung, persönliche Zuverlässigkeit sowie Fort- und Weiterbildung,

3.

    das Verfahren, nach dem die Berechtigung zur Ausübung der Tätigkeit als sachverständige Person erworben wird, sowie den Widerruf, die Rücknahme und das Erlöschen der Berechtigung,

4.

deren Überwachung,

5.

die Festsetzung einer Altersgrenze,

6.

das Erfordernis einer ausreichenden Haftpflichtversicherung sowie

7.

deren Vergütung.

Dabei können die Befugnisse zur Erteilung, zum Widerruf und zur Rücknahme der Berechtigung nach Satz 1 Nr. 3 sowie zur Überwachung nach Satz 1 Nr. 4 auf Dritte übertragen werden.

(6) Das fachlich zuständige Ministerium kann durch Rechtsverordnung

1.

das Ü-Zeichen festlegen und zu diesem Zeichen zusätzliche Angaben verlangen,

2.

das Anerkennungsverfahren nach § 26, die Voraussetzungen für die Anerkennung, ihren Widerruf und ihr Erlöschen regeln, insbesondere auch Altersgrenzen festlegen, sowie eine ausreichende Haftpflichtversicherung fordern,

3.

für die natürlichen Personen, juristischen Personen und Behörden nach § 26 die Gebühren und Vergütungen festlegen sowie die Fachaufsicht regeln.

(7) Das fachlich zuständige Ministerium kann durch Rechtsverordnung bestimmen, dass die Anforderungen der aufgrund des § 34 des Produktsicherheitsgesetzes und des § 49 Abs. 4 des Energiewirtschaftsgesetzes erlassenen Verordnungen entsprechend für Anlagen und Einrichtungen gelten, die weder gewerblichen noch wirtschaftlichen Zwecken dienen und in deren Gefahrenbereich keine Arbeitnehmerinnen und Arbeitnehmer beschäftigt werden. Es kann auch die Verfahrensvorschriften dieser Verordnungen für anwendbar erklären oder selbst das Verfahren bestimmen sowie Zuständigkeiten und Gebühren regeln. Dabei kann es auch vorschreiben, dass danach zu erteilende Erlaubnisse die Baugenehmigung einschließlich der zugehörigen Abweichungen einschließen.

(8) In den Rechtsverordnungen nach Absatz 1 kann wegen der technischen

Einzelheiten auf Bekanntmachungen besonderer sachverständiger Stellen unter Angabe der Fundstelle verwiesen werden, soweit diese in einer den Betroffenen zugänglichen Weise veröffentlicht worden sind.

(9) Das fachlich zuständige Ministerium erlässt die zur Durchführung dieses Gesetzes erforderlichen Verwaltungsvorschriften.

§ 88
Örtliche Bauvorschriften

(1) Die Gemeinden können durch Satzung Vorschriften erlassen über

1.

   die äußere Gestaltung baulicher Anlagen sowie von Werbeanlagen und Warenautomaten zur Durchführung gestalterischer Absichten in bestimmten bebauten oder unbebauten Teilen des Gemeindegebiets; die Vorschriften über Werbeanlagen können sich auch auf deren Art, Größe und Anbringungsort erstrecken,

2.

   besondere Anforderungen gestalterischer Art an bauliche Anlagen, Werbeanlagen und Warenautomaten zum Schutz bestimmter Bauten, Straßen, Plätze oder Ortsteile von kultureller, historischer oder städtebaulicher Bedeutung oder zum Schutz von Kultur- und Naturdenkmälern; dabei können nach den örtlichen Gegebenheiten insbesondere bestimmte Arten von Werbeanlagen und Warenautomaten und die Werbung an bestimmten baulichen Anlagen ausgeschlossen sowie Werbeanlagen und Warenautomaten auf Teile baulicher Anlagen und auf bestimmte Farben beschränkt werden,

3.

   die Gestaltung der Lager-, Abstell-, Aufstell- und Ausstellungsplätze, der Camping- und Wochenendplätze, der Sport- und Spielplätze, der Stellplätze und der unbebauten Flächen der bebauten Grundstücke sowie über die Notwendigkeit, Art, Gestaltung und Höhe von Einfriedungen; dabei kann bestimmt werden, dass Vorgärten nicht als Arbeits- oder Lagerflächen benutzt werden dürfen,

4.

   geringere oder größere als die in § 8 Abs. 6 vorgeschriebenen Maße zur Wahrung der baugeschichtlichen Bedeutung oder der sonstigen erhaltenswerten Eigenart eines Ortsteils; die Ortsteile sind in der Satzung genau zu bestimmen,

5.

den Anbringungsort und die Gestaltung von Hausnummern,

6.

die Unzulässigkeit von mehr als einer Antenne auf Gebäuden sowie die Unzulässigkeit von Außenantennen, soweit der Anschluss an die Gemeinschaftsantenne möglich ist,

7.

die Begrünung baulicher Anlagen sowie die Anpflanzung von Bäumen und Sträuchern,

8.

die Zahl der notwendigen Stellplätze nach § 47.

(2) Anforderungen in Satzungen nach Absatz 1 können auch in einem Plan durch Zeichnung, Farbe oder Schrift festgesetzt werden (Gestaltungsplan). Der Gestaltungsplan ist zum Bestandteil der Satzung zu erklären. Satzungen mit einem Gestaltungsplan sind öffentlich auszulegen.

(3) Die Gemeinden können ferner für abgegrenzte Teile des Gemeindegebiets oder für bestimmte Fälle durch Satzung

1.

die Herstellung notwendiger Stellplätze für bestehende bauliche Anlagen verlangen, soweit Bedürfnisse des Verkehrs oder die Behebung städtebaulicher Missstände dies erfordern,

2.

auf die Herstellung von Stellplätzen ganz oder teilweise verzichten, soweit Bedürfnisse des Verkehrs nicht entgegenstehen oder ein Bedarf an Stellplätzen nicht besteht, insbesondere weil die Benutzerinnen und Benutzer der baulichen Anlagen öffentliche Verkehrsmittel in Anspruch nehmen können,

3.

die Herstellung von Stellplätzen untersagen oder einschränken, soweit Bedürfnisse des Verkehrs oder städtebauliche Gründe dies erfordern,

4.

die Herstellung von Abstellplätzen für Fahrräder verlangen, wenn Bedürfnisse des Verkehrs dies erfordern; die erforderliche Größe, die Lage, die Ausstattung und die Anzahl der unterzubringenden Fahrräder können in der Satzung festgelegt werden.

(4) Die Gemeinden können außerdem durch Satzung bestimmen, dass

1.

in wegen ihrer kulturellen, historischen oder städtebaulichen Bedeutung besonders schutzwürdigen Gebieten genehmigungsfreie Werbeanlagen und Warenautomaten einer Genehmigung durch die Bauaufsichtsbehörde bedürfen,

2.

im Gemeindegebiet oder in Teilen des Gemeindegebiets bei bestehenden Gebäuden Kinderspielplätze nach Maßgabe des § 11 Abs. 4 herzustellen und instand zu halten sind,

3.

im Gemeindegebiet oder in Teilen des Gemeindegebiets im Interesse des Klimaschutzes bei vor dem 1. Januar 2009 errichteten Gebäuden anteilig erneuerbare Energien zu nutzen sind.

(5) Für die Satzungen gelten die Bestimmungen der Gemeindeordnung sowie die dazu erlassenen Durchführungsvorschriften. In den Fällen des Absatzes 1 Nr. 2 und 4 wird die Satzung im Benehmen mit der zuständigen Denkmalschutzbehörde erlassen.

(6) Regelungen nach den Absätzen 1 bis 4 können in den Bebauungsplan als Festsetzungen aufgenommen werden. Auf diese Festsetzungen sind die §§ 3, 4, 10 bis 18 und 214 bis 216 BauGB anzuwenden; Absatz 5 findet keine Anwendung.

(7) Für Abweichungen von Satzungsbestimmungen gilt § 69. Vor der Zulassung von Abweichungen ist die Gemeinde, in den Fällen des Absatzes 1 Nr. 2 und 4 auch die zuständige Denkmalschutzbehörde zu hören.

§ 89
Ordnungswidrigkeiten

(1) Ordnungswidrig handelt, wer vorsätzlich oder fahrlässig eine bauliche Anlage errichtet, ändert, benutzt oder abbricht, ohne die hierfür erforderliche Genehmigung zu besitzen. Ordnungswidrig handelt auch, wer vorsätzlich oder fahrlässig von der erteilten Genehmigung abweicht, wenn die Abweichung einer erneuten Genehmigung bedurft hätte. Ordnungswidrig handelt ferner, wer vor Ablauf der Frist nach § 67 Abs. 2 mit dem Vorhaben beginnt. Die Ordnungswidrigkeit kann mit einer Geldbuße bis zu fünfzigtausend Euro geahndet werden.

(2) Absatz 1 Satz 1 und 2 gilt für die Errichtung, Aufstellung, Anbringung, Änderung und den Abbruch anderer Anlagen und Einrichtungen, an die in

diesem Gesetz oder in Vorschriften aufgrund dieses Gesetzes Anforderungen gestellt werden, und für Abweichungen von einer für diese Anlagen oder Einrichtungen erteilten Genehmigung entsprechend. Die Ordnungswidrigkeit kann mit einer Geldbuße bis zu zehntausend Euro geahndet werden.

(3) Ordnungswidrig handelt, wer vorsätzlich oder fahrlässig

1.
>als Bauherrin oder Bauherr oder als verantwortliche Person eines Unternehmens Bauprodukte verwendet oder verwenden lässt, für die der nach § 18 erforderliche Nachweis über ihre Verwendbarkeit nicht vorliegt,

2.
>Bauprodukte mit dem Ü-Zeichen kennzeichnet, ohne dass dafür die Voraussetzungen nach § 23 Abs. 4 vorliegen, oder

3.
>als Bauherrin oder Bauherr oder als verantwortliche Person eines Unternehmens Bauarten entgegen § 22 ohne die erforderliche allgemeine bauaufsichtliche Zulassung oder ohne allgemeines bauaufsichtliches Prüfzeugnis oder ohne Zustimmung im Einzelfall anwendet oder anwenden lässt.

Die Ordnungswidrigkeit kann mit einer Geldbuße bis zu zwanzigtausend Euro geahndet werden.

(4) Ordnungswidrig handelt, wer vorsätzlich oder fahrlässig

1.
>als verantwortliche Person eines Unternehmens oder bei Bauarbeiten in Selbst- oder Nachbarschaftshilfe als Bauherrin oder Bauherr bei der Einrichtung und dem Betrieb einer Baustelle entgegen § 53 Abs. 2 die erforderlichen Schutzvorkehrungen oder Sicherheitsvorkehrungen unterlässt,

2.
>einer vollziehbaren Einstellungsanordnung nach § 55 Abs. 4 Satz 2 zuwiderhandelt,

3.
>die Pflicht, den Wechsel der Bauleiterin oder des Bauleiters oder der Bauherrin oder des Bauherrn mitzuteilen (§ 55 Abs. 1 Satz 3 und Abs. 5), verletzt,

4.

    als Bauleiterin oder Bauleiter oder Fachbauleiterin oder Fachbauleiter ihre oder seine Mitteilungspflicht nach § 56a Abs. 1 Satz 2 verletzt,

5.

    entgegen § 62 Abs. 1 Nr. 10 Buchst. a Halbsatz 2 tragende oder aussteifende Bauteile errichtet oder ändert,

6.

    entgegen § 66 Abs. 1 Satz 2 oder Satz 4 die Erklärung über die erforderlichen Nachweise nicht rechtzeitig vorlegt oder die erforderlichen Nachweise auf der Baustelle nicht vorhält oder der Bauaufsichtsbehörde auf deren Verlangen nicht vorlegt,

7.

    entgegen § 66 Abs. 2 Satz 2 die erforderlichen Nachweise nicht, nicht richtig, nicht vollständig oder nicht rechtzeitig der Bauaufsichtsbehörde vorlegt,

8.

    als Inhaberin oder Inhaber einer Ausführungsgenehmigung für Fliegende Bauten die Anzeigepflicht nach § 76 Abs. 6 Satz 1 verletzt,

9.

    entgegen § 76 Abs. 7 Satz 1 oder entgegen einer vollziehbaren Anordnung nach § 76 Abs. 8 Fliegende Bauten aufstellt oder in Gebrauch nimmt,

10.

    entgegen § 77 Abs. 1 mit der Ausführung eines genehmigungsbedürftigen Vorhabens beginnt,

11.

    entgegen § 78 Abs. 2 die Fertigstellung des Rohbaus oder die abschließende Fertigstellung der baulichen Anlage nicht oder nicht fristgerecht anzeigt oder mit der Anzeige der abschließenden Fertigstellung die erforderlichen Bescheinigungen nicht, nicht richtig oder nicht vollständig vorlegt,

12.

entgegen § 78 Abs. 5 mit dem Innenausbau beginnt,

13. entgegen § 78 Abs. 6 bestimmte Arbeiten fortsetzt oder eine bauliche Anlage benutzt,

14. entgegen § 78 Abs. 7 Satz 1 Beginn oder Beendigung bestimmter Bauarbeiten nicht anzeigt,

15. entgegen § 79 Abs. 1 eine bauliche Anlage benutzt oder entgegen § 79 Abs. 2 Feuerungsanlagen in Betrieb nimmt,

16. einer vollziehbaren Einstellungsanordnung nach § 80 Abs. 1 zuwiderhandelt,

17. einer vollziehbaren Benutzungsuntersagung nach § 81 zuwiderhandelt oder

18. gegen eine Verfahrens- oder Betriebsbestimmung verstößt, die in einer aufgrund des § 87 Abs. 1 Nr. 5 oder 6 erlassenen Rechtsverordnung enthalten ist, soweit die Rechtsverordnung für einen bestimmten Tatbestand auf diese Bußgeldbestimmung verweist.

Die Ordnungswidrigkeit kann mit einer Geldbuße bis zu zehntausend Euro geahndet werden.

(5) Ordnungswidrig handelt, wer wider besseres Wissen unrichtige Angaben macht oder unrichtige Pläne oder Unterlagen vorlegt, um einen nach diesem Gesetz vorgesehenen Verwaltungsakt zu erwirken oder zu verhindern. Die Ordnungswidrigkeit kann mit einer Geldbuße bis zu zehntausend Euro geahndet werden.

(6) Gegenstände, auf die sich eine Ordnungswidrigkeit bezieht oder die zu ihrer Vorbereitung oder Begehung verwendet worden sind, können eingezogen werden.

(7) Zuständige Verwaltungsbehörde im Sinne des § 36 Abs. 1 Nr. 1 des Gesetzes über Ordnungswidrigkeiten ist die untere Bauaufsichtsbehörde.

§ 90
Eingeleitete Verfahren

(1) Die vor dem In-Kraft-Treten dieses Gesetzes eingeleiteten Verfahren sind nach den bisherigen Verfahrensbestimmungen weiterzuführen.

(2) Ist ein Antrag vor dem In-Kraft-Treten dieses Gesetzes gestellt worden, so kann die antragstellende Person verlangen, dass die Entscheidung nach dem zur Zeit der Antragstellung geltenden Recht getroffen wird.

§ 91
Übergangsbestimmungen

(1) Als allgemeine bauaufsichtliche Zulassungen nach § 19 gelten:
1.
   die für nicht geregelte Bauprodukte nach bisherigem Recht erteilten allgemeinen bauaufsichtlichen Zulassungen,
2.
   Prüfbescheide, mit denen nach bisherigem Recht Prüfzeichen für nicht geregelte Bauprodukte zugeteilt worden sind.

(2) Personen, Stellen, Überwachungsgemeinschaften oder Behörden, die bisher zu Prüfstellen bestimmt oder als Überwachungsstellen anerkannt waren, gelten für ihren bisherigen Aufgabenbereich weiterhin als Prüf- oder Überwachungsstellen nach § 26 Satz 1 Nr. 2 oder Nr. 4.

(3) Als Übereinstimmungszeichen (Ü-Zeichen) nach § 23 Abs. 4 gelten:
1.
   Überwachungszeichen (Ü-Zeichen), mit denen Bauprodukte vor In-Kraft-Treten dieses Gesetzes gekennzeichnet wurden,
2.
   Prüfzeichen und Überwachungszeichen aus anderen Ländern der Bundesrepublik Deutschland, in denen Prüfzeichen- und Überwachungspflichten nach bisherigem Recht noch bestehen.

§ 92
Außer-Kraft-Treten bestehender Vorschriften

(1) Mit dem In-Kraft-Treten dieses Gesetzes treten außer Kraft:
1.
   die Landesbauordnung Rheinland-Pfalz vom 8. März 1995 (GVBl. S. 19, BS 213-1),

2. die Landesverordnung über die Gebiete mit geringer Wohnsiedlungstätigkeit vom 28. Oktober 1977 (GVBl. S. 363, BS 213-7).

(2) Rechtsverordnungen, die aufgrund des in Absatz 1 Nr. 1 genannten Gesetzes, aufgrund der Landesbauordnung für Rheinland-Pfalz vom 27. Februar 1974 (GVBl. S. 53), zuletzt geändert durch Gesetz vom 20. Juli 1982 (GVBl. S. 264), BS 213-1, aufgrund der Landesbauordnung für Rheinland-Pfalz vom 15. November 1961 (GVBl. S. 229), zuletzt geändert durch Artikel 10 des Gesetzes vom 20. November 1969 (GVBl. S. 179) oder aufgrund der Landesbauordnung Rheinland-Pfalz vom 8. November 1986 (GVBl. S. 307, 1987 S. 48), zuletzt geändert durch Artikel 6 des Gesetzes vom 5. Oktober 1993 (GVBl. S. 481), BS 213-1, erlassen worden sind, bleiben, soweit sie nicht durch Absatz 1 oder durch § 89 Abs. 1 der Landesbauordnung Rheinland-Pfalz vom 8. März 1995 außer Kraft getreten sind, bis zum Erlass neuer Rechtsverordnungen in Kraft. Das fachlich zuständige Ministerium wird ermächtigt, sie durch Rechtsverordnung außer Kraft zu setzen.

(3) Soweit in anderen Vorschriften auf Vorschriften oder Bestimmungen verwiesen wird, die durch Absatz 1 oder durch § 89 Abs. 1 der Landesbauordnung Rheinland-Pfalz vom 8. März 1995 außer Kraft getreten sind, treten an deren Stelle die entsprechenden Bestimmungen dieses Gesetzes.

§ 93
In-Kraft-Treten

Dieses Gesetz tritt am 1. Januar 1999 in Kraft.

www.ingramcontent.com/pod-product-compliance
Lightning Source LLC
Chambersburg PA
CBHW070821180526
45168CB00002B/713